行走的阅读

黄利群 著

成都时代出版社

图书在版编目（CIP）数据

行走的阅读 / 黄利群著 . -- 成都：成都时代出版社，
2025.8. -- ISBN 978-7-5464-3724-8

Ⅰ . G623.232

中国国家版本馆 CIP 数据核字第 2025KR0437 号

行走的阅读
XINGZOU DE YUEDU

黄利群 ／ 著

出 品 人　钟　江
责任编辑　蒲　迪
责任校对　李　佳
责任印制　江　黎　陈淑雨
装帧设计　悟阅文化

出版发行　成都时代出版社
电　　话　（028）86742352（编辑部）
　　　　　（028）86763285（图书发行）
印　　刷　四川省东和印务有限责任公司
规　　格　145mm×210mm
印　　张　5
字　　数　93 千
版　　次　2025 年 8 月第 1 版
印　　次　2025 年 8 月第 1 次印刷
书　　号　ISBN 978-7-5464-3724-8
定　　价　65.00 元

CONTENTS

目　录

第一章　素养立意的儿童自主阅读

　　学习迁移与核心素养密不可分。核心素养包括人文底蕴、科学精神、学会学习、健康生活、责任担当、实践创新等方面，这些能力的获得需要学生在学习过程中不断迁移和应用所学知识。阅读教学的主要目的不是让学生仅仅学习课本知识，会背诵和记忆，而是更进一步让学生在实践中不断深化理解和应用。能理解在课内阅读中所包含的主要概念，会应用在课内教材中所给出的规则和解决问题的策略，有效培养学生的迁移能力，帮助他们将所学知识转化为解决实际问题的能力，从而提升他们的核心素养。

第一节　儿童自主阅读的概念界定

阅读：教育心理学认为阅读是一种由感觉、知觉、思维、想象、记忆等多种心理因素组成的复杂心理活动。阅读活动是阅读者把读物的语言变成自己的语言，把读物的思想变成自己的思想的一种复杂的语言实践活动，又是阅读者进行判断、推想、体验的一种复杂的心智活动。

自主阅读："阅读教学是学生、教师、文本之间对话的过程。"自主阅读的内涵可以从三个方面来诠释。

1. 自觉性：自主阅读的第一特征是自觉性，即阅读活动中要以学生自觉需求为主，把阅读活动变为学生自我探究、自我体验的活动。

2. 主动性：阅读是学生的主动行为，学生在阅读活动中积极思考，自己来把握、分析和赏析文本，使阅读活动建构在学生自主活动的基础上。

3. 创造性：根据伊瑟尔的"空白"理论，读者必须依靠自己去发现文本潜在的密码，去填补空白，对文本进行再一次创造，并有自己独到的体验和感悟。

小学生自主阅读：这是小学生选择自己喜欢的方式主动地

阅读，获取信息，理解、积累语言的一种个性化的心智体验活动，在读中悟义、悟情、悟境，用自己的感官和心灵去感受美，创造美，从而逐步形成并提高学语文、用语文、爱语文的素养，并能用生活经验去感受、去朗读，去表达自己的意思。

提升小学生自主阅读能力：其指的是激起学生的阅读兴趣，渗透科学的阅读方法，养成良好的读书习惯，从而拓展学生的知识能力，提高学生的语文素养。

本项目旨在将小学语文教学近年来在实践中摸索出的有效方法提炼为"五读—三思—双写"一系列连贯的教学模式，旨在提高自主阅读的效果，帮助小学生掌握科学的阅读方法，自主高效地阅读。

第二节　儿童自主阅读的现状与分析

我们对学生做过一次阅读问卷调查，发现近 80% 的学生遇到阅读题时都很茫然，虽然在教学中我们不断努力地渗透培养学生的阅读能力，但发现学生面对阅读题时依然十分被动，阅读方法掌握得不够，阅读能力亟待提高。"学生的阅读水平该如何提高？""提高学生阅读能力可有捷径？"于是我开始思索：我们能不能用一种策略和方法消除学生阅读时的茫然？我们应该采取什么样的教学措施慢慢地引导学生，提高他们自主阅读的能力？

正是这些零零星星的困惑和思考使本人开始探索促进学生自主阅读的方法和策略，这也是本课题研究的起点。基于这样的出发点，我们开始探讨并上网搜索相关资料，发现这样的困惑和感慨普遍存在。为了更好地了解当前学生的阅读现状，找到学生阅读的薄弱点，本项目设计了调查问卷并对结果进行了初步分析。

一、问卷调查内容

（一）限时阅读

根据课标中关于"评价默读，应根据各学段目标，从学生默读的方法、速度、效果和习惯等方面进行综合考察"的要求，四年级学生默读短文《三只金坛子》，读 3 分钟后完成 5 道简单的选择题；五年级学生阅读文言文《范仲淹还金授方》，读 3 分钟后完成 5 道简单的填空题。

（二）阅读短文

四年级学生阅读短文《明天和今天》，完成 5 道习题：选择词义；文章写了一件什么事；划出段义；说说主人公是个什么样的人；默写《明日歌》。五年级学生阅读短文《世界上最年轻的实业家》，完成 5 道习题：解释词语；概括段义；质疑解疑；写出句义；说说主人公是个什么样的人。

二、问卷调查结果

调查结果显示，当前小学生的阅读主要存在以下问题：

（一）自流：阅读速度慢，阅读效率低

根据最新课标要求，五、六年级学生默读要有一定的速度，每分钟不少于 300 字，但统计结果显示五年级的学生每分钟实际阅读字数只有 151.5 个字。为什么会这样呢？我们针对问卷进行了分析，在调查中通过观察和询问发现，许多学生说是默读，其实是在一字一句地默念。这种"默念"怎么能快速地接收信息、加工信息呢？重要信息没有在大脑中留下痕迹，阅读效率也就无从谈起。

（二）无策：阅读方法少，阅读能力差

从统计数据和卷面呈现来看，一些学生甚至还没有掌握基本的阅读方法，面对文字材料时十分茫然，不知从何入手。学生的阅读能力，包括理解能力、分析能力、概括能力、推理能力都比较弱，如：其中有一题是对"发迹"的理解，全班 51 名学生，有 42 名答错，答案让人哭笑不得，有不少学生将其理解成"奇迹""发生奇迹"。从我们提供的材料中可以发现，"发迹"的意思很明显可以从文中找到，可见学生普遍缺乏对文章整体的思考能力，这不得不让我们忧心忡忡。

（三）散漫：阅读静气缺，阅读状态懒

课外书涉猎范围广，但是结构不合理。学生的一些所谓的课外读物完全是随心所欲的"快餐文化"，如《龙漫》《吉美漫画》《乌龙院》……这些让人眼花缭乱的读物即使是我们做教师的都闻所未闻。开始还责怪自己孤陋寡闻，没有与时俱进，可是，当你翻阅这些书籍以后，才知道孩子的阅读已经陷入一种垃圾式的"快餐文化"。面对如此现状，作为成年人，特别是作为一名教育工作者，我惶惶乎，心存忧虑，这些"快餐式"的书籍将带领我们的学生走向何方？

三、阅读教学现状分析

是什么导致学生阅读水平低下，使学生在大量的阅读教学中能力仍得不到提高？进行细细分析后，可发现当前语文教学中存在以下问题：

（一）无视：不重视阅读方法的指导和训练

在阅读教学中，教给学生阅读的方法，让学生在阅读实践中自觉地运用方法，是提高学生阅读水平，培养学生阅读能力的关键。因为学生掌握了默读、略读、边读边想等方法，阅读时才有可能根据阅读的目的，有选择地使用各种方法，从而提高阅读的效率和水平。可我们在教学中往往只以理解文章的内容为目的，只重视引导学生去阅读和理解，忽略了学生在完成这些任务时所需要的方法和策略。即便是指导也只是口头说教，课堂上对于学生阅读方法的掌握和应用缺少实践的空间。

（二）无知：不重视阅读策略运用的培养

阅读策略是学生经过对阅读任务、头脑中具有的原有知识和自身能力等方面进行分析后，反复考虑而采取的方法，以便完成阅读任务。学生经过阅读方面的方法指导训练后要能主动灵活地采用，以提升自己阅读的效率。可是大部分教师在阅读课上，只注重讲解阅读技能的特点，而忽略了学习的一般特点和规律，只知道如何运用、如何获取知识的手段而忽视了手段与对象之间的内在联系，以及在不同的阅读任务中应采用的调节、整合、处理的方法，缺少策略意识。

（三）无方：缺乏一套科学的阅读教学体系

虽然有些教师和学校已经意识到阅读对学生学习语文的重要性，对学生一生发展的重要性，但由于缺乏深入细致的研究，无论是对课外阅读的指导还是对课外阅读的评价、对课外读物的选择还是对课内阅读的互动研究等，都没有形成一套完整的体系，没有系统的理论指导，使学生良好阅读习惯的养成大打折扣。

我们直面教学中出现的问题，针对平时教学中遇到的困惑，力求通过"五读—三思—双写"的教学策略，在实践研究中形成一种套路和新的方法，切实有效地解决上述教学中存在的问题，促进学生自主阅读能力的提高。

四、调查问卷及具体分析

（一）调查问卷

金东区儿童自主阅读现状抽样调查问卷（一）

亲爱的同学们：

你们好！

你喜欢阅读吗？阅读可以帮助我们开阔视野、增长知识、开启智慧、陶冶情操、丰富情感、提高能力。很高兴能邀请你参加这次的阅读情况调查活动。这份调查问卷希望了解每位同学目前的阅读兴趣和习惯，以便老师们有针对性地进行此方面的指导和训练，同学们要根据自己的实际情况如实填写哟，谢谢合作！

你的基本情况：班级_____　　姓名_____

选择题：请你从各题中选出你认为合适的答案并将其填在

括号里。

读书兴趣调查

1. 你喜欢阅读吗？（　　）

A. 非常喜欢　　　　　　　B. 比较喜欢

C. 一般　　　　　　　　　D. 不喜欢

2. 你平时在什么情况下阅读？（　　）

A. 主动阅读　　　　　　　B. 老师要求

C. 家长监督

3. 读书是不是你度过闲暇时间的主要方式之一？（　　）

A. 是　　　　　　　　　　B. 不是

4. 你是否乐意通过阅读了解更多有趣的人和事，开阔自己的视野？（　　）

A. 是　　　　　　　　　　B. 不是

读书类型调查

5. 你经常看哪一类的书？（　　）

A. 科普类　　　　　　　　B. 动画卡通类

C. 学习辅导类　　　　　　D. 故事类

E. 诗歌类　　　　　　　　F. 语文课本

G. 其他

6. 你喜欢读什么形式的书？（　　）

A. 全是文字的　　　　　　B. 文字为主，配有插图

C. 图画为主，文字很少　　D. 全是图画的

读书方式调查

7. 你平时阅读的方式是什么呢？（　　）

A. 浏览　　　　　　　　　B. 精读

C. 略读

8. 阅读时，你能主动积极思考问题吗？（　　）

A. 能　　　　　　　　　　B. 有时能

C. 不能

9. 读书时，你能否根据文章的内容调整阅读的速度？（　　）

A. 能　　　　　　　　　　B. 有时能

C. 不能

10. 阅读时，你会不会读出声？（　　）

A. 会　　　　　　　　　　B. 有时会

C. 不会

11. 阅读时，你是否一个字一个字地读？（　　）

A. 是　　　　　　　　　　B. 有时是

C. 不是

12. 你阅读时习惯用哪种方式？（　　）

A. 用笔画一画　　　　　　B. 用手点一点

C. 只用眼睛看

13. 你朗读不同的文章能否读出不同的感情？（　　）

A. 能　　　　　　　　　B. 有时能

C. 不能

读书习惯调查

14. 阅读时，你能否注意积累一些词语、句段？（　　）

A. 能　　　　　　　　　B. 有时能

C. 不能

15. 你是否会利用词典等工具书辅助阅读？（　　）

A. 会　　　　　　　　　B. 有时会

C. 不会

16. 你能否对文章中自己不理解的地方提出疑问？（　　）

A. 能　　　　　　　　　B. 有时能

C. 不能

17. 你阅读的途径有哪些？（　　）

A. 购买实体书　　　　　B. 到书店看

C. 到图书馆看　　　　　D. 网上查阅

读书方法、策略、态度调查

18. 阅读时，你一般（　　）。

A. 认真读　　　　　　　B. 挑选有趣的部分读

C. 随便翻翻

19. 你读书时能做到边读边想或边读边记笔记吗？（ ）

A. 能　　　　　　　　B. 有时能

C. 不能

20. 你阅读时喜欢（ ）。

A. 摘抄好词佳句　　　B. 写读后感

C. 圈圈点点　　　　　D. 只读，不动笔

21. 阅读时遇到不认识的字，你会怎么做？（ ）

A. 跳过去不读　　　　B. 查工具书

C. 随便认读　　　　　D. 问父母或老师

22. 阅读时，你能否抓住关键句子理解文章的意思？（ ）

A. 能　　　　　　　　B. 有时能

C. 不能

阅读量调查

23. 你每天的阅读量为（ ）。

A. 100 字以下　　　　B. 200～500 字

C. 500～1000 字

24. 属于你个人的课外书有多少本？（ ）

A. 没有　　　　　　　B. 1～10 本

C. 10～20 本　　　　　D. 20 本以上

课外阅读时间调查

25. 你每天课外阅读的时间为多少？（　　）

A. 无　　　　　　　　　B. 半小时以内

C. 半小时至一小时　　　D. 一小时以上

26. 老师或父母督促你进行课外阅读吗？（　　）

A. 经常督促　　　　　　B. 偶尔提醒

C. 从来不管

27. 你一般选择在什么时候阅读？（　　）

A. 周末　　　　　　　　B. 午间休息时

C. 晚上睡觉前　　　　　D. 课间

课外阅读环境调查

28. 你在什么环境下看书效果好？（　　）

A. 安静　　　　　　　　B. 比较安静

C. 吵闹　　　　　　　　D. 无所谓

29. 你们班级有图书角吗？（　　）

A. 有　　　　　　　　　B. 没有

30. 你看书，受谁的影响最大？（　　）

A. 父母　　　　　　　　B. 同学、伙伴

C. 老师　　　　　　　　D. 其他

阅读收获、效果调查

31. 你认为阅读对学习有帮助吗？（　）

A. 帮助很大　　　　　　　B. 有些帮助

C. 没有帮助

32. 你觉得读书有哪些好处？（　）

A. 扩大知识面　　　　　　B. 提高学习成绩

C. 提高习作水平　　　　　D. 获得乐趣

33. 阅读了一本好书后，你会干什么？（　）

A. 讲给别人听　　　　　　B. 做读书笔记

C. 运用于写作中　　　　　D. 看过就忘了

金东区儿童自主阅读现状抽样调查问卷（二）

1. 你喜欢朗读吗？（　）

A. 喜欢　　　　　　　　　B. 一般

C. 不喜欢

2. 在语文课上，你喜欢展示自己的朗读吗？（　）

A. 喜欢　　　　　　　　　B. 一般

C. 不喜欢

3. 你喜欢怎样读书？（　）

A. 大声朗读　　　　　　　B. 小声读

C. 默读

4. 你的朗读被老师表扬过吗？（ ）

A. 经常有 　　　　　　　　B. 有过

C. 没有

5. 你认为自己的朗读处于什么样的水平？（ ）

A. 读得磕磕巴巴

B. 能把文章较流利地读出来

C. 能够正确流利且有感情地朗读出来

6. 你认为自己的朗读还存在哪些问题？（ ）

A. 多字、丢字 　　　　　　B. 指读

C. 声音不洪亮 　　　　　　D. 不能掌握好语气停顿

E. 读不出感情

7. 你认为是哪些方面的原因造成上述情况的？（ ）

A. 紧张 　　　　　　　　　B. 胆怯

C. 马虎 　　　　　　　　　D. 怕别人笑话

E. 其他

8. 你希望自己的朗读达到什么样的水平？（ ）

A. 能把文章较流利地读出来

B. 能把文章正确流利地读出来

C. 能把文章正确流利且有感情地朗读出来

9. 早读课老师不在时，你能主动朗读吗？（ ）

A. 能 　　　　　　　　　　B. 不能

10. 你对家庭朗读作业的态度？（　　）

A. 认真完成　　　　　　B. 有空才读

C. 基本不读

11. 你在家主动朗读课文吗？（　　）

A. 是　　　　　　　　　B. 不是

12. 在家里你一般花多长时间朗读？（　　）

A. 根本不读　　　　　　B. 10 分钟以内

C. 20 分钟以上

13. 家长对你的朗读水平有什么看法？（　　）

A. 不清楚　　　　　　　B. 比较满意

C. 还需要进一步提高

（二）调查统计分析

何桥中心小学本项目随机抽签抽到五年级（1）班做调查问卷（二），五年级（1）班共 51 人，问卷由学生自主作答，51 份调查问卷全部收回。问卷情况结果如下（以下百分比均四舍五入，保留两位有效数字）：

1. 你喜欢朗读吗？

	喜欢	一般	不喜欢
人数	15	35	1
比率（%）	29%	69%	2%

从第一表数据来看，部分学生喜欢朗读，不喜欢朗读的学生占比较小，而大部分学生对朗读并没有热情，这说明学生的朗读现状不容乐观。

2. 在语文课上，你喜欢展示自己的朗读吗？

	喜欢	一般	不喜欢
人数	12	19	20
比率（%）	24%	37%	39%

从第二表数据来看，我们不难发现三个百分比的值相差不大，但是喜欢展示自己朗读的人数还是三个数据中最少的一个。问卷调查后，我们同时也抽了一部分学生进行面对面交流，我们发现大多数学生不愿展示自己朗读是因为胆子小，害怕读错。那么，我们在以后的教学中需注意的就是尽量鼓励每个学生站起来朗读，锻炼学生展示自己的能力。

3. 你喜欢怎样读书？

	大声朗读	小声读	默读
人数	13	25	13
比率（%）	25%	50%	25%

从第三表数据来看，大部分学生喜欢小声读，这个数据占了总人数的 50%。我们希望学生能通过大声朗读来锻炼其朗读能力，但是从学生的意愿来看，大部分学生都希望小声地读。经过这次调查，怎样让学生喜欢大声朗读将是我们以后课题研究的一个难点问题。

4. 你的朗读被老师表扬过吗？

	经常	有过	没有
人数	15	14	22
比率（%）	29%	27%	44%

从第四表数据来看，只有 29% 的学生经常被老师表扬他们的朗读，这说明大部分老师在朗读指导教学时没有采用鼓励学生大胆朗读的方法，以后的教学中应尽量采用鼓励式的评价语鼓励学生朗读。首先抽读的范围要大，尽量照顾每个同学；其次要做到耐心地倾听学生的朗读。

5. 你认为自己的朗读处于什么样的水平？

	读得磕磕巴巴	能把文章较流利地朗读出来	能把文章正确流利且有感情地朗读出来
人数	5	30	16
比率（%）	10%	59%	31%

从第五表数据来看，大多数学生不能正确流利且有感情地把文章朗读出来，其中少部分学生还不能较流利地朗读文章。这充分说明了，很多学生的朗读是存在一定问题的，所以朗读指导教学一刻也不能松懈。

6. 你认为自己的朗读还存在哪些问题？

	多字、丢字	指读	声音不洪亮	不能掌握好语气停顿	读不出感情
人数	14	7	5	9	16
比率（%）	27%	14%	10%	18%	31%

从第六表数据来看，朗读中存在的问题是各异的，其中值得我们特别关注的是多字、丢字问题和读不出感情问题。同时也反映了学生朗读水平的良莠不齐，一篇课文的朗读，首先是读通、读顺文章，再是流利地朗读，最后是正确流利且有感情地朗读。所以我们只能具体问题具体分析，针对不同问题对症下药。

7. 你认为是哪些方面的原因造成上述情况的？

	紧张	胆怯	马虎	怕别人笑话	其他
人数	21	7	7	14	2
比率（%）	41%	14%	14%	27%	4%

　　从第七表数据来看，有 68% 的学生是因为紧张和怕别人笑话而导致朗读中存在问题的。那么为什么会出现这一问题呢？关键还是因为学生不够自信，同时也说明应加强对学生这方面的锻炼。在以后的教学中尽量鼓励学生大胆地朗读，同时尽量与学生亲近，拉近距离。还需做到的是，不论学生朗读情况如何，都要给予学生正面的反馈。

8. 你希望自己的朗读达到什么样的水平？

	能把文章较流利地朗读出来	能把文章正确流利地读出来	能把文章正确流利且有感情地朗读出来
人数	0	3	48
比率（%）	0	6%	94%

　　从第八表数据来看，绝大部分学生都希望自己的朗读水平达到把文章正确流利且有感情地朗读出来，94% 这个数据也完全在意料之内，所有学生都希望能很好地朗读出一篇文章，当然

这也是值得我们老师为此努力的。

9. 早读课老师不在时，你能主动朗读吗？

	不能	能
人数	41	10
比率（%）	80%	20%

从第九表数据来看，20% 的学生已经养成了自觉早读的习惯，但是仍有 80% 的学生不能自觉朗读。那么在以后的朗读指导教学中，我们要做到的就是尽可能让每个学生都养成自觉早读的习惯。

10. 你对家庭朗读作业的态度？

	认真完成	有空才读	基本不读
人数	5	7	39
比率（%）	10%	14%	76%

从第十表数据来看，只有 10% 的学生能自主认真完成老师布置的家庭朗读作业，说明大部分学生没有养成回家自觉朗读的习惯。让每个学生养成自觉完成朗读作业的习惯将是我们朗读指导教学中的一个目标。

11. 你在家能主动朗读课文吗?

	不能	能
人数	44	7
比率（%）	86%	14%

第十一表的数据跟第十表的数据基本一致。第十表反映的是对待朗读家庭作业的态度，态度决定结果，所以此表的分析同上。

12. 在家里你一般花多长时间朗读?

	根本不读	10分钟以内	20分钟以上
人数	5	36	10
比率（%）	10%	71%	19%

从第十二表的数据来看，10%的学生在家里是根本不读书的，那么同样我们也看到只有19%的学生读书时间在20分钟以上，大部分学生回家读书的时间在10分钟以内。最佳的读书时间长度应该在20～30分钟，那么是什么原因导致学生读书时间很短呢？如何解决这个问题？通过研究我们想出的第一个方法是给学生布置朗读任务，每读一遍完成一个朗读小任务；第

二个方法就是不局限于读课本上的文章，可以布置读课外书的
任务。当然具体该如何操作，本书将对此问题进行进一步讨论。

13. 家长对你的朗读水平有什么看法？

	不清楚	比较满意	还需要进一步提高
人数	5	30	16
比率（%）	10%	59%	31%

从第十三表的数据来看，将近 60% 的家长对孩子的朗读是
比较满意的，说明我们的朗读指导教学是有一定成效的。31% 的
家长觉得孩子的朗读还需要进一步提高，这也是值得我们老师
为此而继续努力的。也有 10% 的家长对孩子的朗读水平不清楚，
这 10% 的比例我们可以归结到家长对孩子朗读的关心程度不够，
这也提醒家长应多关注孩子的学习。

这份问卷所反馈的真实数据值得进行仔细分析，这些数据
所反映的现象也并非偶然，其恰恰证明了朗读指导教学的必要
性。鉴于时间和精力有限，本章只分析了调查问卷的部分问题，
若读者有兴趣，可一起探讨。

（三）思考及对策

1. 朗读时间不够充分

充斥于语文课堂的"讲问教学"压缩了学生读书的时间，一节课 40 分钟，学生朗读的时间却不到 5 分钟，朗读练习往往是来去匆匆，如雁掠过，且是"雁过无痕"。朗读成了教学中的一种外在形式或一个过渡环节。

2. 朗读目的性不够明确

甲生读了乙生读，男同学读了女同学读，看似热热闹闹，其实读前没有要求，读中没有指导，读后也没有及时评估反馈，学生只是被教师驱赶着为读而读，没有用心、用情去读，而是有口无心地"念着经"。这样的朗读事倍功半，而且容易导致学生做事心不在焉、缺乏目的性。

3. 朗读的学生较为固定

不管是检查性的朗读，还是讲析、答问之余的有感情地朗读，教师习惯于指定几个成绩好的学生来读，其他大部分学生都只能规规矩矩坐着当听众。多数学生无法进行朗读练习，又怎能提高朗读教学的质量，更何谈落实素质教育中最基本的一环——会读。

4. 教师的朗读指导机械匮乏

朗读教学指导方法单调、机械、生硬，常见教师在分析、理解之余来一句"请同学们有感情地读读这部分"，或"把××语气读出来"，诸如此类隔靴搔痒的引导，导致朗读不能熔"导""练"于一炉，不能糅理解、感悟于一体。有的教师即使有指导却不得要领，只重声音形式，不重内心体验；只重表层的技巧，不重语言环境中的内蕴。常听教师直截了当地告诉学生，把某一个字（词）读得重（或轻）些，把某几个句子读得快些（慢些），而忽略了朗读表情达意的要义。所以许多学生一遇到感情比较强烈的句子，就认为该读重音，而不知道有时重音轻读，表达的效果更好。

（四）调查结论

此次问卷调查，不仅帮助我们了解了学生当前的朗读现状，而且让我们发现了自身教学中存在的一些问题，让我们认识到只有立足课堂，针对问题精心指导朗读，强化朗读训练，才能真正提高学生的朗读水平，促进学生个性化发展。

1. 保证读书时间

根据年级、学情、教材特点规定每节课的朗读时间，并自我监控达成度。要求教师留有充足时间让学生正确地读课文，特别是自学性朗读，要让全班学生都读完、读好。在初步理解基础上的表达性朗读，要留够时间让学生试读、练读，读出感觉、读出味道、读出情趣，切不可未准备好就仓促上阵；要留读后评议的时间，通过评议，强化对朗读的激励功能。精心设计问题，让烦琐冗长的"讲讲""问问""答答"让位给朗读。

2. 调动全体学生参与

朗续训练，必须想方设法调动全体学生全身心地投入，特别是学习后进生。单调的阅读方法只会使学生读得口干舌燥，昏昏欲睡。要适当创设情境，创设气氛让学生愿读、乐读、争着读。如学生朗读时播放相应的背景音乐，有时请学生配画外音，也可把学生的朗读现场录音进行比赛等。每个班的学生都不是整齐划一的，其水平、能力都有明显的差异。因此，在朗读教学中也应体现层次性。朗读要求和朗读评价都要因人而异，让学生多一些成功的喜悦。同时，多为"丑小鸭"创造"登台亮相"的机会，要知道美丽的白天鹅也会经历"丑小鸭"的过程。

3. 让理解与朗读相互依存

在阅读教学中，把朗读与理解截然割裂的现象并不罕见，分析前读一遍，讲解完后再朗读一遍，甚至根本没理解，就要求学生读出感情来。

4. 精选练点，锤锤有声

叶圣陶先生把有感情地朗读叫作"美读"，激昂处还它个激昂，委婉处还它个委婉。然而真正能读出感情来并不容易，需对朗读技巧做必要的、适当的指导，如停顿、轻重、缓急、语气等。但这些指导不可能课课皆有，次次具备。经集体讨论研究，要求教师精心选择朗读训练点，每次训练有侧重点，锤锤敲打，锤锤有声。学生反复练读，用心体会，感悟到应这样读，"大珠小珠落玉盘"，掷地有声，读出了语言的韵味，读出了语言的音乐美。同时，学生一旦掌握技巧，将能举一反三，极大地提高朗读效果。

5. 形式多样，合理运用

朗读的形式纷繁多样，不一而足，但各种形式的朗读有各自的功能和适用范围。为能准确指导学生朗读、培养学生的朗读兴趣、激发学生的朗读感情、促进学生的朗读训练，教师应借助于丰富多彩的朗读方式，课堂上充分发挥学生的主体作用，展示学生的语文素养，让学生读出个性，读出激情。

五、启示

课题研究提高了教师对朗读教学重要性的认识，加强了朗读训练，激发了学生朗读的兴趣，培养了学生良好的朗读习惯，提高了学生的朗读水平。朗读教学的有效开展，大大提高了学生的课外阅读量，拓宽了学生的视野，增长了学生的见识。过去，我校每学期学生平均阅览图书不超过 5 册，而现在每学期学生平均阅览图书超过 12 册，由此可见，学生对阅读产生了浓厚的兴趣。并且，学生良好的阅读习惯也逐步形成，如边读边写读书笔记。五、六年级学生每学期生字词本、摘录笔记本不少于2本。朗读教学的有效开展，也促进了学生口语交际能力和习作水平的提高。学校加强了朗读训练，学生积累的语言多了，"日积月累，熟能生巧，是学习语文行之有效的经验……"这样就为学生的口语交际能力和习作水平的提高奠定了良好的基础。如今，学生在课堂中敢说了，会说了，能说了，很多学生的作文陆续在省、市、县级作文赛中获奖或在报刊上发表。学生的语文素质有了较大的提高。通过课题研究，教师更加重视朗读相关知识的学习，提高了自身的朗读水平和朗读教学水平。为了做好课题研究，广大教师积极参加普通话培训，十分重视朗读课文，做到读好课文才备课、才上课。由于不断地反复练习，教师的朗读水平有了明显的提高。在实践的基础上，本项目成员认真进行总结，积极撰写论文，促使自己对实践活动的认识由感性上升到理性。

六、存在的问题

1. 由于对学生朗读水平和教师朗读教学水平还缺乏更科学、更有效的评判手段，朗读教学的深入开展显得越发困难。仍有少数教师只图省事，只顾眼前，不愿做出改变，封闭教学，舍不得丢弃"一言堂"课型。

2. 我们清醒地看到，本课题研究虽然取得了一些成绩，但是研究并没有结束。在今后的教育教学工作中，我们全体教师要进一步增强创新意识，加强学习，大胆实践，不断总结，为学生语文素质的提升做出更大的努力。

第三节　儿童自主阅读的价值与意义

从事过语文教学的教师都能够深切地体会到，语文教学似乎已陷入了一个可怕的泥潭——费时多，收效少。一味注重双基训练的封闭教学，是对语文学习兴趣的扼杀，牺牲的是学生的个性和学生的创新能力，而加强自主阅读能力乃是让语文教学走出困境，回归本质的一个必然选择。

本项目通过"五读—三思—双写"模式的构建，针对我校师生在阅读中的不足，有目的、有计划地训练，在实践中探索有效的途径，从而提升自主阅读教学的效果，提高学生的阅读水平。在促进自主阅读教学方面深入研究出符合我校师生实际的教学方法，形成我校的特色教学方案。

一、深化语文课程改革成果，推动学生主动阅读

我国传统的教学一直以传授学生知识为教育的终极目标，课堂上教师讲、学生听，以教师为主，把学生当作接受知识的容器。整个教学过程中，学生大多数时间都处在教师的严格控制下，被动地去完成学习任务，毫无自主学习的权利。最终

导致学生死读书，无发展可言，更不可能具备创新精神和创新能力。我们的学生将不能适应充满竞争的社会。因此，教育界呼吁转变教学观念，大力进行语文教改。"给我解释，我会忘记""指给我看，我会想起""让我参与，我会理解"，这三句话，道出了当前教育改革不断发展的三部曲。让学生成为阅读的主人，让学生积极、自觉地参与阅读过程，在阅读过程中主动地获得知识、智能、心理及个性的发展，是当前语文教改的主流。

二、提高自主阅读能力，为终身学习奠定基础

在当前教育环境下，我们探讨自主阅读问题，不仅有其客观的时代背景，也有着阅读教学本体自身发展演进的内在规律，"学会学习"是人类获得生存的基本能力，"终身学习"是时代赋予人类的神圣使命。教育部在积极实施新一轮基础教育的课程改革，强调突出培养学生的创新精神和实践能力，以及获取新知识的能力。这些都体现了知识经济时代素质教育对语文教学的要求。因此语文教学的主体——阅读教学如何改革，是摆在语文教师和研究工作者面前的一个值得深思的问题。

时代不断地发展，知识不断地更新。学生从学校获取的知识是进入社会的入场券，将来走上工作岗位后还将不断地学习

新的知识以适应日新月异的社会，终身学习是当今社会发展的必然趋势。因此，人们越来越关注教给孩子终身受用的知识与本领，为孩子的终身发展打好基础。在阅读中培养学生的自主阅读能力，把方法教给学生，让他们知道怎样阅读，自主地多方汲取知识。

阅读教学的理想境界就是学生"自能读书，不待老师讲"，学生拥有了自学的能力，掌握了自学的方法，形成了自学的习惯，就可以无师自通，受用终身，这是教学的目的和归宿。为此我们提出通过"五读—三思—双写"促进小学生自主阅读的实践研究，旨在以阅读为突破口，培养学生的语文素养，塑造学生健康的人格，提升学生自主阅读的能力。

三、养成良好的阅读习惯，开辟自主阅读的新途径

知识来源于实践，学习方法也是在实践中逐步形成的。阅读方法的掌握与否，是检验阅读教学成功与否的试金石。因此，我们的语文教学应"授人以渔"。让学生掌握一种能力，并不断探索，是呵护学生健康成长所必需的，体现了以人为本的民主教育理念，为学生健康发展带来了深远影响。

阅读的核心是理解，而理解要依靠思考。有许多知识需要记忆储存内容，但不能代替思考。目前，有的学生错误地认为

语文就是背诵，有的教师的阅读指导也有过度偏重记忆的现象；也有的老师精心设计了阅读训练，但由于混淆了理解和记忆，使那些本应成为思考训练的设计变成了知识记忆，这是行不通的。教师的阅读指导，一定要想方设法促使学生"跳起来摘到桃子吃"，这样才能培养他们独立思考的能力。本课题主要通过"五读—三思—双写"的阅读训练，为高效地进行自主阅读提供新途径。

四、学生的非智力心理因素和个性品质得到了有计划的培养和锻炼

阅读是一个理解书面语言，从文字符号获取信息的过程，也是一个非常复杂的心理过程。阅读基本上是一个认识过程，但阅读过程需要兴趣、注意、情感、意志等非智力心理因素参与其中，需要各种心理活动起作用；阅读过程以学生的心理活动过程为基础，才能贯通认识过程，提高阅读效率。快速阅读不仅需要这些心理因素的参与，还提出了更高的要求。速读时要求学生全神贯注，眼看字，脑思义，整行整页地读，边读、边想、边记。所以，速读能力的训练不只是速读方法、技能的训练，更重要的是培养学生的兴趣、注意力、情感和锻炼他们的意志，从而促进学生的学习心理品质和个性的健康发展，这

对提高学校的教学质量具有普遍重要的意义。"五读—三思—双写"的阅读教学模式提高了学生的速读能力、培养逻辑思维能力、训练思维的灵敏性以及快速理解材料、提取材料信息的能力。

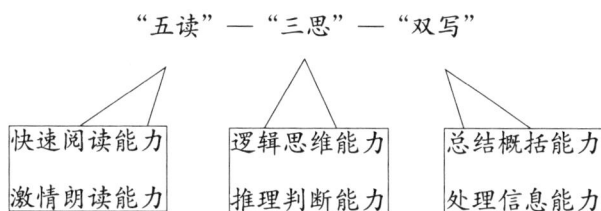

"五读"—"三思"—"双写"

| 快速阅读能力 | 逻辑思维能力 | 总结概括能力 |
| 激情朗读能力 | 推理判断能力 | 处理信息能力 |

通过"五读—三思—双写"提高自主阅读能力，是学生学习进步的关键，也是人生成长的需要，教育者应当促使个性化的自主阅读成为孩子的生活方式，融入他们的生命成长。

第二章 儿童自主阅读的体系建构

第一节 儿童自主阅读的教学模式

为了使研究有规律可循，本项目在研究前集思广益，结合研究的原理设置了以下阅读教学模式的实施框架。

速读：全文，时间限定，快速浏览。

↓

默读：一思：全文共有几个自然段，讲的是什么事？
一写：对应课题，选关键词——扩词——组句。

↓

精读：重点段，有感情地读。

↓

跳读：二思：文中有几件具体事情与标题密切相关？
二写：以线索形式概括出事件的主要内容和过程。

↓

悦读：三思：文章的主要内容和主题思想。

一、速读中整体感知

阅读要有一定的速度，随着年级的升高，默读的速度逐步加快，在这个信息化的时代，我们尤其要重视学生速读能力的培养。学生在速读环节浏览全文，教师设定阅读时间，让学生注意力高度集中地速读全文。这一过程促使学生更加专注和投入，能提升其注意力。

二、默读中思考写练

默读是一种最基本的语文阅读能力，在《语文课程标准》中明确指出："各个学段的阅读教学都要重视朗读和默读。"其中对默读能力的基本要求是：低年级要"学习默读，做到不出声，不指读"；中年级要"初步学会默读"并"学习略读，粗知文章大意"；高年级要"默读有一定的速度，默读一般读物每分钟不少于300字"并"学习浏览，扩大知识面，根据需要搜集信息"。因此，我们应重视加强学生的默读训练。默读能最有效地提高阅读速度和阅读效率，能体现终身化学习的需要；默读能促使学生静心思考，更有效地促进学生获取信息量。在这个环节中，学生在默读时，让他们思索阅读材料的主要内容，有助于培养学生提取信息的能力。结合课题，让学生去找课文中的关键词，根据关键词扩词造句，使字词句融为一体，帮助学生学习活的字词。在找关键词时训练了他们对阅读材料的感性把握能力。

三、精读中品词赏句

每位学生对同一文章的感知是各不相同的，让学生自己去把握文章的重点段，通过各种形式的朗读去细细品味重点段的含义，根据自己的理解，有感情地朗读重点段落。通过重点段落的理解品味延伸到对全文的理解。无形中让学生明白通过把握重点句段去理解文本的方法，掌握自主阅读的方法。

四、跳读中推理梳理

如今学生面对的信息越来越纷繁复杂，培养学生的跳读能力也迫在眉睫。在学生熟悉文本后，要引导学生重新站到一定的高度去审视阅读材料，再一次掌握文章的全貌，梳理出文章的脉络要点，推断事件的内在关系，概括出文章的主要内容。这个过程培养了学生提取信息、梳理材料、总结概括的能力。这也正是学生自主阅读中所需要的方法。

五、阅读中升华归纳

在以上四读的基础上，学生已经充分地掌握了文章的要义，这时需要把学生对文章的感性认识重新提升到理性的高度，升华阅读，提取文章的主题和中心，使学生对文章的认识不但全面且有深度，这时的阅读教学已经达到了理想的状态。在激情的朗读中不仅提高了学生的阅读能力，同时也激发了学生的深度思考，培养了思维的广度和深度。

这里需要指出的是，"五读—三思—双写"课堂教学基本框架的前提和原则是统一的，而具体的小学语文课堂教学模式却是多样的。在此只理论性地介绍操作的一般教学程序，施教中教师要根据年级段或教学内容的不同而有灵活调整。

第二节　儿童自主阅读的内容体系

我们指导学生自学有长远的规划，从低年级阶段就开始训练，比如课前自学生字、通读课文，课后背诵、默写等。当然，一般而言，系统的自学习惯与能力我们从三年级开始指导和培养，一直到六年级，四个学年、八个学期，循序渐进，反复训练，螺旋上升，能力渐成，形成如下内容体系：

年级	自学习惯的培养	能力的培养
三年级（上）	1.养成查字典的习惯（三年级学生在作业、作文中有许多不会写的字，鼓励学生查字典解决，尽量不写拼音；了解加点字在不同词句中的意思）； 2.养成预习的习惯（标小节号、注音、描红、读书、组词）； 3.养成记录每日作业的好习惯； 4.养成一有空余时间就阅读课外书的习惯（每天不少于半小时）。	1.查《新华字典》的能力； 2.预习的能力； 3.判断、摘录好词的能力； 4.诵读、默读的能力； 5.自己整理学习用品的能力。

年级	自学习惯的培养	能力的培养
三年级（下）	1.养成课后及单元练习前复习的习惯（复习是一个重要的自主学习的习惯，终身受益）； 2.养成记课堂笔记的习惯（记些什么？记在哪里？怎么记既清楚又省时？）； 3.积极参与课堂讨论的习惯。	1.自己默写、背书的能力； 2.测试、练习前复习的能力（复习什么？怎样复习？）； 3.判断、摘录好句的能力。
四年级（上）	1.阅读课外书籍要有选择的习惯（哪些书可不看、哪些书只是随意翻翻、哪些书要反复阅读品味）； 2.读书时要有做记号的习惯（哪些书需要做记号？做怎样的记号？怎么做记号？做了记号后怎么办？）； 3.记课堂笔记的习惯（与课文相关的记在书上，专项的语文能力训练要求记在笔记本上）。	1.圈画、质疑的能力； 2.自己想办法解决疑问的能力（查词典、联系上下文、请教父母、上网查询）； 3.泛读、精读的能力。
四年级（下）	1.坚持写日记或周记的习惯； 2.爱护图书的习惯。	1.使用网络搜索功能的能力； 2.给文章分段、理清作者写作顺序的能力。
五年级（上）	1.养成随时使用工具书的习惯（家里、学校都要有词典，其他词典最好也要备齐，如成语词典、歇后语词典、俗语词典等）； 2.养成课前查找课文相关资料的习惯。	1.写读后感的能力； 2.自己概括课文中心思想的能力； 3.摘录优美片段的能力。

续表

年级	自学习惯的培养	能力的培养
五年级（下）	1.自主修改作文的习惯（大声诵读、原文上修改、认真誊写）； 2.多种方式学习语文的习惯。	1.自主修改作文、同学间互相修改作文的能力； 2.生活中随时随地学习语文的能力； 3.摘录、欣赏优美片段的能力。
六年级（上）	1.遇到问题不懂就问或想其他办法解决的习惯； 2.每天花一小时看报或看电视、听广播获取信息的习惯。	1.专题探究、综合性学习的能力（课内课外融合、学科交叉、活动性、主题确定、制订计划、合作学习）； 2.查找、择取信息的能力。
六年级（下）	1.走向生活、走向社会——"读万卷书，行万里路"的习惯； 2.在实践中运用语文知识、能力的习惯。	1.在生活实践、社会实践中运用语文的能力（主持稿、串联词、海报、申请书、公开信、计划书等）； 2.自主归类、整理知识的能力。

第三节　儿童自主阅读的联动机制

为了创建学校、家庭、社区的协同教育力量，我们构建了多方联动的儿童自主阅读机制，从营造氛围、激发兴趣入手，以活动为载体，立足课堂、家校结合、辐射社会，最终培养学生良好的阅读习惯，并内化为个人素养。

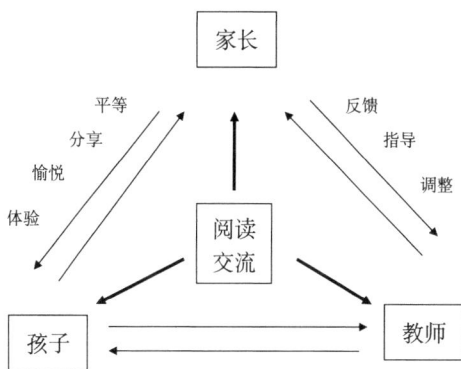

"学校应当争取社会各方面的支持，与社区建立稳定的关系，给学生创设语文实践的环境，开展多种形式的语文学习活动"（《语文课程标准》）。这就要求我们充分挖掘家长资源、社会资源，建立学习型家庭，建设学习型社会，营造孩子成长的理想环境，让孩子感受人间亲情，感悟生活哲理，感触现实

世界。经过几年的实践研究，我校的阅读活动已积累了一些宝贵的经验，构建了一套"家庭与学校""本校与外校""学校与社会"的读书互动机制，取得了显著成效。

一、设定"亲子阅读日"

几年前，我校一名五年级学生在写给父母的信中有这样一段文字："今天是星期六，爸爸不在家，奶奶出去了，妈妈在上班，只有我一个人在家。写作业、读书、看电视，除了这几件事情，我什么也干不了。作业很快就写完了，一个人看电视太寂寞，又不能一个人出去玩，书是最好的朋友了。可是没人在家，我多么希望有一天能和家人一起读书啊。"这一段话字里行间透露着孩子想与父母共同读书的渴望。项目组就这一问题展开了一次调查，结果发现大多数家长和孩子一同读书的时间非常少，很多父母把空余时间花在了看电视或娱乐上，忽视了与孩子的沟通和交流，而读书恰恰是沟通最好的桥梁。我们的教师在平时有意识地利用校讯通短信平台，经常给家长发一些读书的信息，如告诉家长我们学校正在开展哪些读书活动、班级中最近推荐读什么书、孩子阅读的情况如何；还告诉家长哪些书可以给孩子购买、哪些书适合家长与孩子共读，以及一些亲子阅读方面的方法。渐渐地，家长对孩子的阅读重视了起来，尝到了亲子阅读的甜头。在这一基础上，我校将每月20日定为"亲子阅读日"，更有效地保证了亲子阅读时间。现在我校的亲子阅读得到了家长的认可，已成为家庭成员乐意去做的事。有位家长说道："亲子阅读会带来无穷的乐趣，不知不觉之中，在我们和孩子之间建立起了一座沟通的桥梁，把彼此的心紧紧联系在一起。"亲子读书带来的好处远不止这些，因为父母的模范作用是无限的，在潜移默化之间，一方面给孩子树立了好的榜样，另一方面也营造了良好的家庭读书氛围。学习型、读书型社会的建立，离不开无数个读书型家庭。

二、开展亲子阅读活动

项目把每月20日定为"书香家庭亲子阅读日"，借这一天来唤起家长的学习意识，借这一天的活动来营造浓郁的家庭阅读氛围，借这一天来督促孩子养成更好的阅读习惯，让阅读成为每个家庭成员的必需品。

三、家庭阅读讲座

给家长准备各种学习资料，让家长了解阅读对于构建和谐家庭、促进孩子成长的重要性，进而转变家长眼里只注重分数的观念。

四、亲子小书房

竭力向家长推荐小学生课外读物，积极倡导家长与孩子一起读书。要求孩子在节假日多读名家经典，并写下相应的读书笔记或读后感，鼓励家庭建立"亲子小书房"，形成良好的家庭阅读氛围。

五、社区农家书屋

我们联合孝顺镇政府，建立"社区农家书屋"，在社区农家书屋里，让孩子和家长共同享受自主阅读的快乐。

第三章　儿童自主阅读的教学实施

第一节　课前自主预习

我们在实践中发现：拥有良好的自主学习习惯的学生，不但能坚持自学和课前预习，迅速积极地投入学习活动，而且有很强的探索精神。反之，学习习惯不好的学生，学习自觉性差，自制力弱，学习情绪也低落，进步缓慢，学习效率低下。因此，我们在实验过程中要逐步建立起培养学生自主学习能力的教学机制。

根据《语文课程标准》的指导精神和小学语文教科书课文前对小学生提出的预习要求，结合小学生的实际情况，我们摸索出一种简易、实用的预习方法。这种方法用口诀的形式概括出来，口诀如下：

一画段儿，二画圈儿，

三画需认字儿，四画翘舌音儿，

五画疑难处，六画好词句儿。

这个口诀我们称为"六画读书预习法"。（其中前"四画"在一年级开始学习使用，"五画""六画"在二年级开始学习使用）具体操作方法如下：

一、画段儿

学生预习一篇课文前，先用笔在课文每个自然段前用阿拉伯数字标出序号。让学生在标画的过程中，对文章有一种感性认识，知道一篇文章是由多个自然段构成，有的自然段是由一句话构成，有的自然段是由几句话构成。这种认识对于今后的读写有较好的影响，使学生知道自己今后作文也可以这样安排段落。另一个作用是在教学活动中便于师生互动，如学生可直接请教老师对第几自然段的哪个地方有疑问，教师也能方便地向学生指出第几自然段需要注意什么等。实践证明，"一画段儿"的方法，方便且实用。

二、画圈儿

"二画圈儿"即学生在完成"一画段儿"后，对照课后生字表中需要"学会"的生字，在课文中用圈画出，由于在课文中需"学会"的生字和需"会认"的生字无明显标志，这样用圈一画就使学生明确了哪些是要求"学会"的，哪些是要求"会认"的。在读课文时会对自己画出的需"学会"的字有所重视，印象也比较深刻。实践证明：通过"二画圈儿"的方法，学生一看一画就认了两遍，方法简易实用，识记生字效果较好。

三、画需认字儿

"三画需认字儿"就是画完要求"学会"的生字后，再对照课后要求"会认"的生字，用钩在课文中画出，以区别要求"学会"的字。这样更明确了"会认"的要求，以便按要求去学习。

四、画翘舌音儿

"四画翘舌音儿"就是在读课文的过程中，学生把含翘舌音的音节用"—"在其下面画出来，以利于正确地朗读。这种画法一般坚持两年就可以使学生基本区分平翘舌音。调查证明，采用这种方法的班级的学生，其拼音的正确率大大高于不采用此法的班级。

五、画疑难处

"五画疑难处"就是学生在完成上面画法之后，在读课文的过程中，对不明白的地方用"？"在其右边画出。读完课文后对疑难问题或查字典，或请教同学、老师，或交流讨论解决。"学源于思，思源于疑"，学方有所得。长此以往，方可真正养成"一边读，一边想"的好习惯。

六、画好词句儿

"六画好词句儿"就是学生在读课文的过程中，有些妙词佳句往往会使学生"一见钟情"，这种词句的作用不可低估，有些词句可能对学生的思想有所触动，能给以启迪；有的遣词造句恰到好处给人美感；有的可以帮助学生正确、快速地理解课文等。这些"好词句儿"要求学生用"～"画出。这样能帮助学生集中读书注意力，学生在读书时也会格外注意妙词佳句，随时标画出。在今后学习中他会对自己画出的"宝贝"不由自主地玩味揣摩，自然训练了其创造性思维。"学文如积沙，学理如筑塔"。长此以往，能提高学生读书的注意力，加强其对语言文字的内化吸收，训练其对语言文字的敏感性。

第二节　课堂自主参与

要让全体学生参与课堂学习，就要对学生的情况尽可能了解，同时根据学生的实际情况，在教学设计上有层次地设置问题，让学生感受成功，为不同水平的学生提供参与的可能性，让不同水平的学生感受到成功的喜悦，从而积极自主地参与到课堂学习活动中来。如对善于朗读的学生，让他在课堂上进行个别朗读，让他感受成功；对于注意力差的学生，老师有意识地先给以暗示，甚至提醒，然后让他来复述刚提到的问题，让他享受成功；对于不善表达而文笔流畅的同学，教师通过对范文的朗读来肯定他的优点。为了激发学生学习的热情，我们还变化方式，如采取小组讨论、同桌资料共享、问题汇总，这样提问对象的面就拓宽了，既培养了他们的合作精神，又和更多人分享成功的愉悦；也使不同风格、不同智力、不同水平的学生达成共识，集思广益，共同提高。

一、自主探索研讨

学生是学习的主体。在课堂中，我们努力寻找调动学生主动性、积极性和创造性的最佳途径，让学生有动脑思考、动手操作、动口表达以及提出问题和解决问题的时间与空间，使其真正参与到学习中，促使其外部活动逐渐内化为自身的智力活动，从而达到培养学生自主探索、研讨的习惯的目的。

二、自主拓展

我们在实验中发现：只有开启孩子的创造性，打开孩子的思维大门，孩子才能真正体会到学习的乐趣。因此我们在实验过程中要注意引导学生充分运用自身所学，在提出自己见解的同时，充分享受思维跃动带来的欢乐。这样孩子的注意力就像放大镜下聚集的光一样，才能点燃智慧的火焰。

三、自主练习

我们培养学生的习惯应先根据孩子的年龄特点做计划，分阶段进行，以鼓励为主、指导为辅的方式，设置题目由浅入深，由易到难，并且给予学生适当的表扬，培养学生的成就感，从而慢慢养成其独立完成作业的习惯。

第三节　课后自主巩固

为了强化学生对当天所学知识的理解，巩固记忆，防止遗忘。我们总结出课后自主复习巩固"三步法"。具体操作如下：

第一步：尝试回忆。指导学生在打开教科书和笔记本之前，首先应独立地把当天所学的内容回忆一遍，在头脑里像"放电影"一样，再现课堂学习的主要情节，包括老师讲课的思路，甚至一些重要的细节。促使自己开动脑筋去回想、追忆课堂学习的各个知识点，哪些懂了，哪些还没懂，哪些还记得清，哪些印象模糊或记不清了。

这样能及时检查当天课堂学习的效果，以便改进日后的预习和课堂学习，通过强制追忆，还能提高学生的记忆水平，增强复习阅读与整理笔记的针对性，还能帮助学生养成积极动脑勤于思考的习惯，并提高系统概括知识的能力。

第二步：看教科书。教科书是学习的根本，抓住了教科书就抓住了学习的基础和根本。预习、上课、复习都应看教科书，但复习阅读是在预习、上课、尝试回忆的基础上进行的，因此要引导学生"全面过目，突出重点"，把重点放在重要的概念、规律、方法上，特别是放在那些回忆不起来，思考不连贯，理解不深刻的地方。看书时，要用笔在书上做标记，做眉批。学会写提要性语句和心得，以利记忆，以利以后看书时从提要中迅速得到启示，回忆起书中的相关内容。但提要应更精练，更深刻。

第三步：整理笔记。笔记是组建知识大厦的"预制件"。整理笔记是把自己的课堂笔记甚至预习笔记加工、提炼成适合自己复习和进一步学习的材料。因为上课时的主要精力用在听、看、想上，笔记可能不是很完善，整理笔记就是要把一些遗漏的部分补充完整，把记得不准确或次序颠倒、逻辑顺序不清的地方修正、理顺。此外，还要画出重点、关键的知识，标出容易发生错误和混淆的地方，并系统地整理所学知识的体系和结构，整理自己的学习心得，达到复习巩固的目的。

第四章　儿童自主阅读的文化营造

　　任何一种活动的开展没有氛围的营造都不能得到持久的效果，"五读—三思—双写"对自主阅读的促进研究如果没有整个校园大环境的包容和营造也必然是乏味而不持久的，因此我们提出了营造学习型的校园文化，不断学习书本，不断学习身边榜样。

第一节　流动"小书箱"知识大迁移

项目组为研究提供了6万多册图书，如何充分盘活，让它们有人看，如何让学校2000多名师生有书看，如何解决场地的局限，让师生有序地看，我们煞费苦心。因时、因地、因人进行综合考虑，最终，我们确定了一种形式：流动书箱进两室（办公室和教室）。

我们把每个书箱编号，每个书箱放入80册书，相同的书箱可以放入类型相同的图书，不同的书箱类型放入不同的图书。各年级老师挑选适合自己年级学生特点的图书，各年级尽量不同。书箱中准备一张图书书目，上面设置阅读者、阅读时间等相关填写内容，对书箱中的被阅读书籍进行记录。每个书箱两周流动一次，定期流动，循环交换。

瞧，我校的读书标语！

第二节 创意"读书卡"书籍共品味

为每位老师和学生配置一张读书卡，便于其记录一学期的读书量、读书内容、读书时间等内容。师生之间可交流彼此的阅读书目，相互推荐，共同品读。

第三节　心蓄"读后感"喜悦同分享

　　阅读的过程是心灵与书籍对话的过程，在阅读后，青年教师会自然萌发许多感想，以读引悟，以悟促写。每次阅读之后青年教师可写一篇读后感，把自己阅读后得到的启发书于纸上。

　　《有效教师》明确告诉我们要走一条"教研结合，从教学熟练型走向专家型"之路，我决心成为一名这样的教师，无愧自己的青春年华。查有梁先生总结了一段关于"研"的妙语，我时时用他来鞭策自己——"学然后知不足，教然后知困，研然后知美。知不足，然后能自反也；知困，然后能自强也；知美，然后能自创也"。作为老师，我们应该本真知趣。

　　点点滴滴的感触是老师一时的感悟和体会，是老师思想的火花，把在阅读中所积蓄的阅读心得及时地表达出来。也许我们不在乎文字的美感，但我们相信它们的的确确发自老师的内心，这些文字表达着他们阅读的真情实感，这便足够了。流淌的文字验证着自主阅读正一步步深入。

第四节　激扬"读书会"思想互交锋

如果一本书是一种智慧，那么十本书就有十种智慧；如果一个人读一本书能收获一种智慧，十个人就能收获十种智慧。"以书会友，相约书会。"我们青年教师每月召开一次读书会，青年教师们在读书会上畅所欲言，各抒己见，在讨论中碰撞出思想的火花。我校的读书会不仅是读书的盛会，更让我们看到了思想的交锋。

我们的读书会，会根据实际要求设置主题，同时也允许"老题新议"。例如上学期，我们的读书会主题主要有：

年度读书会主题活动安排

月份	主题书目	交流主题	核心教育信念
9月	《课堂高点：学生思想的生成》	如何生成课堂学生思维的高点？	以学生思维发展为基点
10月	《教育的智慧》	面对问题学生我们该做什么？	每位学生都是教师的最爱
11月	《教学勇气》	我们该如何捧着良心教书？	教师同情心的唤起
12月	《有效教学的艺术》	构成高效课堂的主要因素是什么？	轻负高效

续表

月份	主题书目	交流主题	核心教育信念
1月	《你在为谁工作》	我们的教育生涯不能错过什么?	师生共同成长

围绕每一本教育书籍,我们都会共同提出一个相应的交流主题,交流主题可结合教师的意愿设置。围绕主题进行小组探讨后,我们会对其中关于教育理念的信息进行提取。摘录每位教师在交流中及身处现场产生的感悟,可以是一句话、一个词甚至是一个字。通过这样的书籍交流,学生和教师的自主阅读桥梁便搭建起来了。

第五章 儿童自主阅读教学课型

第一节 "五读—三思—双写"式自主识字教学

第一环节：感知

在这一环节中，教师运用导语、谜语、故事、图片等导入新课，激发学生识字的兴趣，从而达到形象感知的目的，强化学生有意识记忆的能力。

例如，课题组教师在执教第一册《看图读拼音识字10》一课时，采用导语设疑激趣："小朋友们喜不喜欢去游乐场？今天，老师带你们到游乐场去玩一玩，好吗？"这时，学生的兴趣被激发，产生了学习欲望。教师再展示一组图片（小朋友们在游乐场欢快玩耍图），教给学生观察方法，引导学生看图说话："入口处的几个小朋友正在干什么？游乐场里面的小朋友在玩什么？出口处的小朋友在干什么？"然后，学生按由近及远、从入口到出口的顺序讲述图意。

在这一阶段，教师创设情境，在充分调动学生学习积极性的同时，指导学生在观察中初步感知字形（出、入、门、口），在说图中了解字义。这样，既培养了学生的学习兴趣，又促使其观察、思维、表达能力协调同步发展。

第二环节：理解

这一环节是在学生认清字形、了解字义的基础上，认识汉字及其规律的一种思维活动，是学生在对汉字的表象记忆上更深一层的巩固记忆。因此，教师在组织教学活动过程中采用图示释义、析形索义、表演动作等方法，引导学生自主学习，进行字、词、句的训练，发展学生的思维能力。

如课题组教师在教《看图读拼音识字10》这一课时，让学生在理解图意的基础上有感情地朗读句群，由图入文，图文结合，学生在理解句群的过程中潜移默化地受到思想教育，从小养成遵守公共秩序的优秀品质。这样，通过朗读、理解，既复习巩固了汉语拼音，进行了初步的阅读训练，又进一步感知了生字、新词（进门、出门、关门、入口、出口）的字音和字形。

教师再按识字规律（音、形、义）教学生生字"门"，教给学生基本识字方法。

第一步：让学生从句群中找出生字音节，并指导其读准字音。借助实物门框及儿歌来帮助学生记忆字形："小朋友看'门'字的字形跟我们教室的门框像不像？""哪个小朋友能想出最好的方法来记住'门'字的字形？"当学生说出"门框的左上方加一点"时，教师趁机教儿歌："四四方方一扇门，左边上方有个孔。书写一定记清楚，小孔是点不能丢。"最后，结合看图和朗读拼音、句群进一步理解字义，并通过组词、造句帮助学生巩固字义，积累词语，发展语言。这样，通过借物析形索义，将识字与认识事物、发展语言、发展思维结合起来，置识字于语言环境之中，真正做到字不离词，词不离句。

第二步：在交流的同时进行归纳。学生通过第一步已学会了生字"门"，紧接着要求学生交流、归纳学习方法，在学生充分思考、发言的同时，教师小结三步识字法：

（1）读准字音；

（2）借物记字形；

（3）理解字义并运用。

第三步：教师指导学得好的学生学习"出"字，由小老师教生字"出"。

第四步：放手让学生按"三步识字法"自学生字"关"。

在这一阶段，学生在轻松、愉快的氛围中完成了学习目标，教师也根据迁移学习规律，从低年级开始，就培养学生良好的学习习惯，促使其逐步形成自学能力，表达、观察、形象思维等能力也得到同步发展。

第三环节：反馈

这一环节，教师针对课文的学习目标要求，在基础知识、基本态度、基本能力与基本方法方面予以检测与反馈；并通过设计合理的综合性学习活动，对文本内容进行拓展延伸，让学生在拓展活动中进一步巩固方法、训练能力、拓宽视野，实现听说读写的整合与发展。这一环节的核心是检测与反馈，拓展运用作为一项策略，成为推动和实现课堂高效的有益补充。

如在《看图读拼音识字 10》这一课教学结束时，执教教师设计了如下练习题：

（1）夺红旗比赛（读拼音、写汉字）；

（2）玩"开火车"游戏（生字组词、扩词、造句）；

（3）学生在轻快的音乐声中，拍手读句群（朗读训练、思想教育）。

通过练习，检测学生完成学习目标、对系统知识掌握的深度和广度，这些信息的反馈能使教师发现学生学习中的问题，便于及时指导。最后布置一道练习题（观察书上的图，说说小朋友到游乐场欢快玩耍的情景）。这样既让优等生"吃得好"，差生"吃得饱"，又促进其语文能力的综合发展。

"了解—掌握—运用"是一个循序渐进的螺旋式层次结构。"感知"是识字教学的起始环节，从"感知"中读准字音，了解字形；在"理解"中掌握字形，体会字义；在"反馈"中巩固运用。

第二节　"五读—三思—双写"式古诗文教学

"自主学习"古诗教学法分为五步：课前查询知诗人—介绍背景解诗题—质疑讨论明诗意—想象诵读悟诗情—迁移运用背诗文。

一、课前查询知诗人

课前布置学生查询古诗作者及写作背景资料的任务，培养学生收集资料和处理信息的能力。

如课题组教师在执教《静夜思》一文时考虑到古今语言的差异，生活环境变迁所形成的诗人与学生之间的情感距离，以及古诗抽象、精炼、含蓄的特点，会造成学生理解上的困难。于是，执教者先让学生各自去查询当时的写作背景资料。学生们有的通过上网查询，有的去图书馆查询，有的问大人，有的从诗书上找……这个课前预习既为下一步学习古诗打下基础，又培养了学生主动学习的习惯。

二、介绍背景解诗题

我们着重培养学生的口头表达能力，让学生自己介绍搜集的资料，这样既培养了学生的口头表达能力及听说能力，又使学生明白了题目的意思，为下一步理解古诗的内容做好准备。

三、质疑讨论明诗意

在本环节，我们重在训练学生理解古诗的方法，培养合作精神。先让学生在朗读的基础上画出不懂的字词，提出疑问后，再让学生分小组讨论，然后多让学生交流、评议。从对整首诗重点字词的理解到对整首诗意思的理解，完全是让学生自读自悟出来的。老师只起到组织、指导、点拨的作用，帮助学生总结出理解重点字词的几种方法：联系诗句、结合生活实际、请教同桌……从而最大限度地激发每个学生蕴藏的独立学习潜能。

四、想象诵读悟诗情

我们关注发展学生的想象力和培养学生热爱家乡的情感。先让学生在理解古诗内容的基础上放声朗读几遍，再以老师的身份提问："请你们想象一下，如果你此时此刻就是诗人，你现在的心情是怎样的？"让学生展开想象，各抒己见，体会感情。要想学生受到作者强烈的热爱家乡、思念家乡情感的感染和教育，同时学到有感情朗诵古诗的方法，那就须要引导他们入情入境、大胆想象当时的意境。

这个环节还要发展学生的朗读能力和培养学生的审美能力。朗读和背诵在诗的教学中有特别重要的地位。古诗大多节奏鲜明，韵律和谐，情感丰富，语句简练，朗朗上口。这些特点让学生在欣赏、体会中进一步感悟。新大纲指出："要让学生充分地读，在读中整体感知，在读中有所感悟，在读中培养语感，在读中受到情感的熏陶。"所以，我们要让学生反复诵读、体会、品味。同时放一首合适的音乐给诗歌配乐，然后进行朗读，且教师要对学生在诗的节奏和重音方面进行指导。最后，师生共同总结朗读古诗的方法。这样，变着法子让学生读，让学生在读中受到作者情感的熏陶，受到美的教育。

五、迁移运用背诗文

我们让学生在理解诗文大意的基础上达到熟读成诵的目的。课后作业体现自主性，让学生在自主完成作业的同时拓展相关的诗文以扩大学生诗文学习的范围。为此，我们设计了这样的作业：学了这首诗后，你最想做些什么？画一画，演一演，吟一吟，背一背，写一写……选择一项或几项完成。我们都知道：发展教学是一个开放系统，学生参与活动不应只局限于课堂与课本，而应该课内外结合。这个作业就是要由课内延伸到课外，培养学生课外阅读及古诗的积累能力。

总之，古诗教学也要力求做到以学生为主体。实践证明，"五读—三思—双写"式的古诗教学模式，有助于培养学生的自学能力。古诗的阅读、鉴赏能力的提高，使学生在习作中，形成了言简意赅的文风。古诗学习方法的掌握，使学生终身受益，让学生真正成为新世纪的高素质人才。

第三节 "五读—三思—双写"式口语交际

根据口语交际的本质特点，遵循口语交际的基本规律，我们探索构建起了"情境创设—感受拟说—自由表达—合作交流—拓展创新"这一基本的口语交际课教学模式。

一、情境创设——口语交际的条件

《语文课程标准》在对"口语交际"的教学建议中指出："口语交际是听说双方的互动过程，教学活动主要应在具体的交际情境中进行。"基于这一指导思想，我们在实验过程中发现：一定的情境是学生增强生活体验，激发他们思维与表达的环境条件和动力源泉；民主、平等、和谐的教学氛围对于口语交际的重要性就像空气之于人、水之于鱼，熏陶默化着学生，起着桃李不言，下自成蹊的作用。因此，在这一环节中，我们根据口语交际内容采用不同形式创设情境，激发学生的表达欲望。

（一）现成教材类口语交际话题情境的创设

口语交际话题为动物类，教师除了要注重根据教材让学生说"养过什么小动物？最喜欢哪种小动物以及为什么喜欢？"以外，还可以创设不同小动物的生活情境，让学生具体观察几种小动物，在课上说说小动物的特点；有的同学养过小动物就让他们说说自己是怎么养的，没有养过小动物的同学让他们采访养过小动物的同学，从中学习养小动物的经验和有关动物学的知识。创设情境，寻找话题。

（二）现实生活类口语交际话题情境的创设

在实验中我们发现：生活是口语交际内容的源头活水，只要处处留心、做有心人，定能发现和设计出更多更好的口语交际内容。因此，在这一环节的教学中我们采用不同方式创设多种多样的符合社会生活实际的情境，有效调动学生对现实生活的感知和积累，使他们在口语交际中说得具体、说得真实、说得生动，促进其口语交际能力的迅速提高。

二、感受拟说——口语交际的前提

在实验中我们发现：学生是口语交际训练的主体，口语交际课教学必须凸显以学生为本的理念，鼓励学生以自主、合作、探究和开放的精神参与富有个性的口语交际学习过程。要达到这一境界（目标），必须在"创设情境"的基础上、在指导学生"自由表达"之前，组织指导学生"感受拟说"，也就是引导学生在"感受情境"的过程中，注意动眼（看）、动耳（听）、动脑（思），主动学习、自主建构、充分准备，为"自由表达"奠定良好基础。"感受拟说"这一环节越充分、越丰富，学生在"自由表达""合作交流"环节说的内容就会越具体、越生动、越完整。这一环节的教学要抓住相互联系的三个方面：

（一）引导学生仔细地看——将观察到的形象转换成语义

为了让学生较好地完成这一过程，我们教给学生观察的方法：一是顺序观察法，如观察环境、景物、场面等，都要引导学生按照一定的方位顺序观察，做到由上到下或由下到上、由东到西或由西到东、由远及近或由近及远……因为只有观察有序，才能思之有序、言之有序；二是重点观察法，就是指导学生观察，既要帮助他们学会抓住事物的全貌，又要注重教会他们找准事物的特征部分，这样才能使他们在表达中既全面又具体。

（二）引导学生认真地听——将接收到的语音信息转换成语义

我们在研究中发现："听"的能力是"口语交际"能力的重要组成部分；学生只有提高了"听"的能力，才能真正提高口语交际水平。阅读教学是培养学生"听"的能力的重要途径。因此，我们在平时的阅读教学中注重引导学生积累：一是组织学生听记词语，逐步增加听记词语的数量，以丰富学生的语义积累；二是组织学生听读段落，学会在倾听中迅速抓住对方言语中的重要信息；三是组织学生听读全文，训练学生理清对方说话条理的能力，因为教材中的课文都是写作范文，条理性很强，教师范读课文一遍、两遍甚至三遍，让学生明晰课文的条理，使学生在不断的训练中领悟到怎样理清课文条理，并逐步学会在口语交际中有条理地表达。

（三）引导学生用心思考——将形象或语音信息转换成语义

在这一环节中，我们一是指导学生对情境所提供的信息进行筛选和整合，以解决"说什么"的问题，包括区分出哪些是主要信息，哪些是次要信息，哪些是有用信息，哪些是无用信息，以及情境中的事物之间的内在联系是什么、这些事物组合起来要表达什么主题等；二是指导学生根据情境所提供的信息组织好内部语言，主要是解决"怎么说"的问题，这是提高口语交际能力的关键，包括提高学生语言的规范性、条理性、机敏性和增强学生思维的敏捷性、逻辑性和深刻性两个方面，从而使学生逐步形成良好的语言习惯和交际态度，具有敏捷的思维能力和快速的语言组织能力。

三、自由表达——口语交际的基础

口语交际的"听说"过程是一个不断接收和表达的过程，我们安排的"创设情境""感受拟说""自由表达"等教学环节，也就是引导学生"感知信息—内化语言—外化表达"的过程。为了引导学生敢于自由表达、乐于自由表达、善于自由表达，我们注重采取以下策略。

（一）营造和谐的表达氛围

我们在实验中发现：口语交际的特殊性在于它的直面性、情感性、交互性，即使是平时口语流畅的学生，也难免因环境、气氛等因素影响表达的效果，尤其是口语能力差的学生更是"金口难开"，要做到自由表达简直难上加难。因此，我们在教学中采取灵活多样的方式营造民主和谐的表达氛围：一是树立民主平等的意识，特别是在言语、情感上教师与学生要平等；二是让学生学会以放松的表情、以"我能行"的心态与人交流，逐步养成平等相处、自由表达的习惯；三是教育学生学会尊重他人、认真倾听、真诚表达。

（二）创造互动的表达条件

在实验中我们发现：口语交际最大的特点就是双向或多向互动的交际方式。这就要求参与交际的人，不仅要认真倾听，听懂对方的交流信息，抓住对方交流信息的要点，而且还要适时接话，谈自己的意见和想法。那么，如何创造互动的表达条件、引导学生在互动中自由表达呢？我们经过研究实践探索出方法，具体过程：一是帮助学生树立对方意识，逐步培养学生有对象地说话和回应对方的习惯；二是选择恰当的组织形式，使交际只有一个兴奋点以集中学生的注意力，低年级学生尤其不善于综合很多人的意见做出自己的判断，就多进行一对一的自由交流，同桌对话交流最简便易行；三是教学时不只关注与老师对话的一方，在学生回答老师的问题时，同时关注其他同学的反应，引导学生继续讨论，促进互动交流，而且在评价时教师不能只评价"说"得怎样，还要评价学生"听"得怎样。

（三）培养综合表达能力

我们在实验中发现：不能把口语交际能力狭隘地理解为"听的能力"与"说的能力"，这不利于口语交际能力的培养。口语交际能力具有综合性，它由智力因素（如临场应变所表现出来的思维的敏捷性、表情达意所表现出来的语言组合的快速性和语言表达的准确性等）和非智力因素（如交际的兴趣、情趣，听说的仪态、习惯等）构成。因此，我们在实验中努力实现"规范学生的口头语言、提高口语交际能力、培养良好的听说态度和语言习惯"等多重目标。

四、合作交流——口语交际的关键

口语交际是人与人之间往来交换思想、看法、意见，交流经验、成果，或者买卖东西，寻求帮助等待人处事的活动，不仅需要有交际对象，构成交际关系，形成双向或多向互动的交际方式才能进行，而且要特别注重突出合作性和对话性，因此我们在教学中注重引导学生进行合作与交流，在交际中相互学习，在听说中相互补充、评价、启发与促进，并形成了行之有效的教学方法。

（一）转换角色法

教学双方在教学中都要树立起双重的角色意识，注意角色的随时转换，师生之间除构成教与学的双边关系外，师生之间、生生之间像日常社会生活中口语交际那样互为对象，构成交际关系，并注重模拟生活实际双向互动地进行训练，让每一个学生都动起来。

（二）逐步训练法

我们在实验中发现：学生合作交流意识和能力的形成不是一蹴而就的，需要我们坚持不懈地培养、持之以恒地训练，并讲究循序渐进。这里以"请到我家来做客"这一话题的教学为例，谈谈如何循序渐进地培养学生合作交流的意识和能力。

1. 导课后学生自由准备，用自己喜欢的方式"说一说到我家的路线"或"画一画到我家的路线图"再讲解。

2. 指名交流，师生倾听后对其讲解提出疑问，如"有何特别的标志物？""坐车怎样走，经过哪几站？"等，使该生的讲解逐步规范、清楚。

3. 同桌交流，互相邀请，想汇报的同学还可以站起来表达，甚至可以离开座位找你最想邀请的同学告诉他自己家的住址，以扩大合作交流面。这样组织实施，不仅每一个学生都兴趣高涨，而且他们都在合作交流中学会了说清自己家的住址，同时也学会了如何邀请别人，增强了合作交流的意识和能力。

（三）科学指导法

在实验中我们发现在合作交流中容易出现"一放就乱"和"一问就默"两种倾向，导致合作交流效果受影响，因此我们要注重科学指导，逐步形成一定机制：一是制定重点发言人制度，使交流议题基本统一（当然重点发言人应该轮流当）。大家针对重点发言人的发言，或肯定，或补充，或修正，最后得出比较一致的看法；二是建立小评委制度，使交流发言相互有碰撞。评委针对重点发言人的发言，或者针对小组合作交流的汇报做评判；三是小组交流应轮流做组长，组长负责在全班汇报本组合作交流的情况，这既培养了学生的口语交际能力，也培养了学生的领导才能。

五、拓展延伸——口语交际的升华

我们每次进行口语交际训练，既要依据所设定的交际内容（主题）和环节实施教学，又要有所超越，适当拓展延伸，创设更具有时空性和实践性的情境，让学生发挥个性和语言创造力。我们在实验中逐步探索出这一机制。

（一）自创交流方式，张扬个性

学生终将要走向社会，因此交际的方式最终也由他本人选择决定。教师在教学中多给学生主动权，鼓励学生自创交流方式，促进他们在口语交际中张扬个性。

（二）沟通课堂内外，拓展延伸

我们在实验中发现：口语交际能力的培养，课堂教学是主渠道，但这是不够的。常言道："得法于课内，得益于课外。"生活的空间有多大，语文学习的外延就有多大。因此，我们对学生口语交际的训练立足于课堂，向课外、校外开放；立足教科书，向书外开放。也就是口语交际教学要努力走出灌输、走出课堂、走出学校，走进生活、走进大自然、走进社会。

总之，在口语交际教学中，教师注意在"五读—三思—双写"的教学流程中引领学生联系社会生活实际，激励学生发挥想象，拓展延伸，促使他们在更广阔的领域进行口语交际锻炼。

第四节 "五读—三思—双写"式自主习作教学

为了使"五读—三思—双写"更具有教学实施的迁移性，我们在语文习作教学中也进行了实践。

一、思忖中自主习作

这个环节教师不设置任何写作要求，就是鼓励学生不定期向教师递交篇目不限、内容不限的作品，多写者多奖励，目的是培养学生主动参与习作实践，养成追求自我发展的行为习惯。在实验中我们注意到：一个学生在未养成行为习惯以前，能够主动提笔作文，需要教师为学生创设以下两个基本条件。

（一）助学生"有话可说"

经过调查我们发现学生作文无话可说有多方面原因，但主要是对周围事物熟视无睹，不会捕捉，不懂得收集。因此，我们一边指导学生留心观察周围事物，一边要求学生每人配备一本取名为"浪花集""珍珠集"或"朝花夕拾"的记事本，用以记录校园新闻、生活琐事、社会见闻、活动游戏等日常小事，以积累作文素材。同时，我们利用各种节日，有目的地组织学生开展活动，以丰富学生的课余生活，使学生作文"有话可说"。

（二）激学生"有话要说"

为了做到这一点，我们为学生创设有效的激励机制以激发学生习作的兴趣和欲望。我们的做法是：利用黑板报、学习园地、班报、校刊等宣传阵地定期展出学生"大作"，让全体学生能够经常体验到成功的喜悦；同时，在班级里设立"作文达标奖""小记者奖""小作家奖"等奖项，推动学生步步登高，激发学生"我要写作文"的强烈愿望。

学生在"有话可说"的前提下，有了"有话要说"的愿望，他们就会主动地通过各种方法去探索如何写好作文，并能源源不断地把自己的作品交到老师的手里，自主习作就水到渠成，顺理成章了。

二、思量中同类分组

由于是自主习作，学生递交的作品一定是包罗万象、五花八门，具有显著的差异性。但是，我们在认真批阅学生作品的基础上，把学生作品按照类型相近原则进行分组，经过仔细分析，发现学生的作文在差异中也存在着某种联系。

同类分组的具体方法是：如果指导目的是领会某种题材的写法，就按不同题材分组；如果是为了解决某种具体问题，就按存在的不同问题分组；如果是为了领悟某种写作方法，则按不同写法分组；如果教师的目的在于培优补差，那么就按作品质量的优劣分组。

三、思议中交流修改

在同类分组的基础上，教师对各类作品拟定指导意见，设计教学方案，组织人人参与修改作文的活动。活动中以学生为主体，组长为中心，让同组学生进行充分的"生生"交流。这种交流有助于学生个体在小组中处于三种不同的动态学习过程：一种是朗读自己的作品，采纳同学的合理建议；一种是倾听同学作品，发表自己的见解；再一种是同学间不同见解的辩论。这三种形式的学习，无论哪一种，对学生而言都是积极主动的。

在这一过程中，教师随机参与各小组讨论，进行区别指导，渗透作文方法，对讨论基本成熟的小组提出事先拟定好的指导意见，进行必要的"师生"交流，解答疑难问题，达成课堂上"教"与"学"的动态平衡。然后，让学生对自己的作品进行自主修改，完成誊写。

四、思辨中总结评价

这一环节教师要完成两项任务：一是面向全体学生，尽量挖掘学生习作中的闪光点进行表扬和鼓励，给学生习作确立目标导向。同时，利用多种手段展出或刊出学生优秀作品，展开更大范围的交流，激发学生的成就感，为下一轮自主习作打好基础；二是对没能达标的学生采取"教学倾斜"策略，进行个别辅导，努力实现人人过关。

第六章　儿童自主阅读的迁移策略

第一节　促进迁移的阅读路径

我们立足于核心阅读能力，使整本书阅读课程建构从碎片化趋向于体系化，有效选择学材，建立"大阅读观"学本，指向阅读策略的有序列培养，致力于发展学生的高阶思维。同时，以整本书阅读作为情境驱动，从整本阅读逆推单篇学习，从零碎的训练走向素养的发展，建立立体的"整本书阅读"课程体系，引导学生掌握有效的阅读策略，并能够适时应用，为学生的终身学习奠定良好的基础。

一、勾勒迁移图景，凸显思辨内核，形成一体化架构

学习迁移是学习者在一种情境中获得的知识、技能或态度对在另一种情境中学习的影响。这个阶段主要建立的是整本书的目标体系。用哪些书，形成什么能力点，在不同年级如何形成逻辑关联，形成一张知网。选择是课程的地基，在书目选择上，可以从两方面构思：选经典、分层选。既然是课程体系中的"整本书阅读"，对书本的选择还可以与教材匹配，与教学进度同步，与教学内容相关，与教学目标的达成相辅相成。

二、贯穿迁移线索，展现思辨内核，设计三维位活动

这个阶段主要开发的是不同年级、不同主题的阅读支架。在运用内容的基础上，提供能力进阶的梯子，形成一个由"知"转"智"的行进导航仪。思辨能力是指学习者能够基于理性分析和逻辑推理进行深入思考和辨析的能力。在学习迁移过程中，思辨内核发挥着至关重要的作用。思辨能力帮助学习者将新旧知识进行整合，形成系统的知识框架。思辨能力有助于学习者识别不同情境中的共同点和差异点，从而更准确地应用所学知识。通过思辨，学习者可以更加灵活地运用知识，提升迁移的

效果，循序渐进地去发展学生的高阶思维。

三、放大迁移痕迹，展示思辨成果，形成增值性体系

迁移学习是策略课的最高层次。让迁移可见，也让阅读这件事情变成学生日常中必不可少的一个组成部分。这个阶段主要实现以评促学，以学定教，以过程性的激励手段、项目化的阅读成果、个性型的学习汇报来努力促发近迁移，甚至远迁移。学生将学习到的阅读策略应用到新的任务或情境中，解决实际问题。在这一过程中，学生会运用所学的知识和技能，结合新的情境特点，进行创造性的思考和操作。由此，从学习阅读到精通阅读，实现阅读能力真正的增长，以提升学生的综合素养和应对现实生活挑战的能力。

第二节　基于"高阶思维"的阅读策略

教学改革的先行探索是要努力推动课堂教学转型，从事实教学课堂转向牵引教学课堂。本课题旨在就指向核心素养的整本书阅读策略形成新的认识，从厘清概念、运用策略、激发动力三个维度来实现核心素养的发展。厘清概念是前提，用好概念、规则和原理；运用策略是关键，教策略、用策略，让学生充分展开选择、分析、评估、组合乃至创造；激发动力是保障，建立通道实现真正的迁移，积淀书香特质和核心素养。

一、厘清概念，凸显"思辨"内核

（一）锚准目标：拾级而上，"辨"处生长

1. 致力素养，长远规划

基于核心素养发展思维能力，在阅读中积累语言文字，在语言运用中培养学生积极思考的习惯。老师以素养为导向持之以恒地坚持，低中高年级螺旋递增，以整本书阅读任务群为载体一以贯之。过程中，应注重培养学生的自主学习能力，帮助他们掌握学习策略，激发他们主动学习的内在动力。

整本书阅读任务群的一体化架构

2. 提炼策略，适性发展

导读课，沉心静气，以读为本；交流课，兴致勃勃，以思为翼；分享课，百家争鸣，以辩为果。设置阶段性思维任务，将"阅读"与"思辨"相联系，指引学生在阅读活动中发展高阶思维，培养学生的信息收集能力、倾听能力和辩驳观点能力，体现思维增量，循序渐进。过程中，教师引导学生将新信息与已有的知识经验进行关联和整合，形成更加完善的知识网络，掌握阅读的策略。

3. 整合迁移，个性发展

整体指引，让学生学会思辨，学会多角度、多立场去思考问题。在不同的阅读情境中，灵活使用多种阅读策略。同时，在新的阅读情境中，引导学生运用所学的阅读策略，结合新的情境特点，进行创造性的思考和操作。在应用策略的过程中，引导学生根据实际结果和反馈进行调整和改进，反思自己的学习过程和方法，找出存在的问题和不足，并采取相应的措施进行改进，实现整合与迁移，有效提升核心素养。

（二）精选书目：循序渐进，"辨"出路线

1. 教材为纲，有序可遵

以教材为纲，注意整本书阅读的知识点、增长点和综合点，做到有序列；找到相应思辨能力点，提升与年级匹配的语文素养，循序渐进提升思辨能力。

2. 活动为基，有章可循

依托教材编排内容有计划地安排活动内容，在选择书目时以课堂活动为基础，使所选书籍内容中能提炼出合适有用的思辨点以促进学生的思维发展。

3. 学生为本，有法可依

以生为本，在书目的确定过程中，优先选择学生喜欢的、感兴趣的书籍，按照从基础阅读到主题阅读的进阶训练，让思辨阅读变得更加有趣味。

（三）项目推动：实践创新，"辨"地开花

1. 三大课式，分步进行

分为导读课、交流课和分享课三种课式。导读课的重点放在"读"，读完全本，读通全本；交流课的重点在于"思"，引导学生从细节出发，深度思考，深入阅读；分享课的重点是"辨"，从观点出发，从书本中寻找依据，论证观点。

2. 走班模式，分层进展

采取走班上课模式，在每学期开学之初让学生选书，明确上课班级，学生每周去相应班级学习，这种创新形式的教学给予学生更多的新鲜感，点燃了学生的学习热情，促进学生高阶思维的提升。

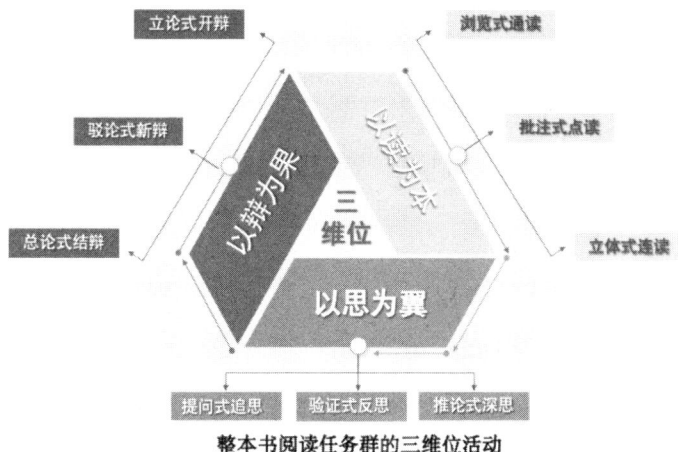

整本书阅读任务群的三维位活动

3. 成果样式，分阶晋级

为了让学生更快乐地在课堂上进行深入阅读，同时又兼顾不同年级学生心理特点，整本书阅读课程以丰富多彩的形式展开活动，促使学生在各种各样的活动载体中发表自己独特的阅读见解，丰富自己的阅读体验。

二、运用策略，展现"思辨"学程

（一）个学·导读·了解：以读为本，阅读是美丽的遇见

通过领航式快读、批注式点读、立体式连读的方法培养学生思维的系统性、精确性、发散性，顺着一本书的情节发展轨迹有计划地开展阅读活动。学生能够按照阅读目标有计划地进行阅读。然后，在阅读过程中，不断地对计划做出反思，评估其实际效果，必要时加以修订。在不断反思之后，学生可持续地做出实时判断，排除多余的步骤，实施"替代备择策略"及在必要时采取计划外的行动，促进思维从低阶到高阶的转变，提升思辨能力。

1. 领航式快读，培养思维的系统性

领航式快读是带着明确阅读目的的阅读，保持思维活动的前后贯通一致，能够清晰而准确地知道写什么。老师给学生一周左右的时间，进行阅读浏览，适机进行反馈、评估、监控，

了解学生是否能保持每日阅读的习惯,聚焦有效的阅读信息,进而自主形成一张一目了然的导读线路图。

◆浏览目录:目录是对书中知识的高度提炼和浓缩,具有极强的概括性。导读课上,教师指导学生用"浏览目录"的方法,提纲挈领地了解全书的主旨和各部分内容,把握全书的结构布局,对全书形成整体感知。

◆浏览梗概:梗概是一种应用文体,就是用简洁的语言,让读者清楚地了解作品大意。借助梗概,学生可以快速地知晓关键情节,完成对全书内容的检索。了解作品的梗概,也是把握作品主要内容的方法之一。

◆浏览章节:带着明确的目的,阅读章节,运用浏览、跳读、"之型读"等方法,聚焦重要人物、主体事件、关键信息、最感兴趣的内容等,提炼内核信息,自主建构知识网络,进而形成一张一目了然的导读线路图。

2. 批注式点读,培养思维的精确性

"阅读是学生的个性化行为",批注式点读则指向于及时、快速地标记作品的风格要点、人物的鲜明特点、事件的关键拐点。批注阅读有助于学生边读边想,锻炼思考力,也利于加强学生对书籍内容的理解,学生可自由选择自己喜欢的批注方式。

◆评鉴型批注:评鉴型批注是个性化阅读的体现。学生可以从内容、情感、语言特点、表现手法等多个角度对文章内容进行评鉴，为后一阶段的交流与分享打好基础。批注时，要用自己的话准确概括，言简意赅。

◆质疑型批注：写下不明白、不同意或者不清楚的想法，为二次阅读埋下伏笔，也为深入理解提供路径。质疑型批注需要对文本内容和表达进行探究和质疑，是一种较高层级的阅读能力，能使读者与文本的对话达到一个新境界。

◆感想型批注：写下对人物、情节等的想法、思考，为后一阶段的交流与分享打好基础。这一过程中，读者与书中角色同呼吸共命运，奇妙的共鸣能够让这样的快乐保持很久。

3. 立体式连读，培养思维的发散性

所谓立体式连读，指的是基于一本书收集更多资料，展开广泛阅读。这种立体式连读能让视野更加开阔，让思考更加深入，让阅读历程自成一体。立体式阅读可以在课内，也可以在课外进行。这样纵横贯通形成序列，推荐书源、集成书汇，培养思维的系统性。

◆同一作品拓展：经典以其博大精深的思想底蕴和精湛卓绝的艺术特色经久不衰。小学课本中，有很多经典作品的选段。同一作品拓展，由单篇到整本，帮助学生对于该作品的了解慢慢走向整体性、深入化，形成"群书"博览的品位。

◆同一作者拓展：对同一作者的不同作品进行拓展阅读，是丰富学生阅读感受的一种重要手法。在这个过程中，体会一个作家一以贯之的风格。学生可以更深刻了解作者的写作缘起，情感的寄托与表达，感知风格。

◆同一主题拓展：进行同一主题的阅读拓展，通过比较异同的策略进行不同作品间的比较对照，了解不同作家的不同风采，加深对文章的理解和情感的把握，扩大学生的阅读面，有利于提升学生的审美。

（二）伴学·交流·理解：以思为翼，阅读中的有趣发现

阅读交流课，旨在通过提问式追思、验证式反思、推论式深思的方法，通过提供学习支架，引导发展学生思维的全面性、敏锐性、严密性。学习支架可以根据学生需求和学习目标而灵活设计，包括但不限于教学材料、示范案例、提示问题、讨论指导、学习工具等，旨在帮助他们更有效地学习和理解新知识，逐步掌握和运用知识。教师应通过不同的教学方法和活动，搭建学习支架，帮助学生突破矛盾情境，通过顺应的方式，归纳矛盾情境和典型情境当中所涉及的概念的本质特征，打破原有概念认知，建立新的概念体系，实现从"认识概念"到"理解概念"，最终"确立概念"的过程。在这个过程中，教师教学的重点在于落实整本书阅读的策略。

1. 提问式追思，发展思维的全面性

疑问是促使学生持续思考的关键，在交流过程中以不同导

向的问题为主线，引导学生不断深入思考，向更广处延伸，发展思维的全面性。

◆启发式提问：对于小学阶段的学生来说，抽象思维和逻辑思维仍处于初级阶段。采用启发式提问，引导和鼓励学生深入思考，有助于培养其观察、判断和解决问题的能力。

◆猜想式提问：运用猜想式提问，引导学生迅速调取个人已有的背景知识、片段中的有用细节、阅读同类文本的经验进行合理的猜想，调动思维，通过综合分析寻找答案。

◆探究式提问：运用探究式提问，引导学生从多个角度对人物或事件进行深入的探究，挖掘文本的内涵，拓展文本的外延，有效提升学生的语文素养。

2. 验证式反思，发展思维的敏锐性

为提高思维的敏锐程度，在教学过程中就要善于指导学生采用不同的方法验证自己的观点想法，不断进行验证式的思考，发展思维的敏捷性。具体而言，可以从以下一些维度展开：

◆着眼细节验证：在阅读理解解题过程中，准确判断文章内容和作者观点的正误是非常关键的。这一步骤不涉及仔细阅读文章内容。引导学生着眼文本内容细节，验证"对不对"，细微中力求准确。

◆联系生活验证：有些文章是在一定的背景下写的，包括时代背景、自然背景等。引导学生把一本书放到时代背景中去完整地理解，顺藤摸瓜，验证"真不真"，溯源寻找真相，追寻真实。

◆突破定式验证：思维定式使我们在面对复杂问题或新挑战时容易陷入思维的僵局，无法灵活地应对变化。引导学生突破定式验证，尝试从新的角度去操作，验证"是不是"，在改变中追求创新。

3. 推论式深思，发展思维的严密性

在思辨课程中的任何结论都要经得起推敲，为了更好地发展学生思维的严密性。交流课上不妨让学生"答记者问"，开展联结与询问，鼓励学生前后贯通、引据查证、深入思考，进行推论式思考。推论式思考分为以下三类：

◆联结科学：在阅读时，特别是涉及科普类读物时，引导学生寻找科学依据做支撑，对于观点的真实性进行推论思考，让观点经得起推敲，帮助学生更准确地理解文章内容。

◆联结因果：理清因果关系有助于理解事情为什么会发生，以及发生后又会带来什么结果。引导学生寻找事件间的因果关联，进行逻辑清晰的推论，避免逻辑漏洞，真正读懂文章内容，真正读懂作者。

◆联结实例：结合身边的现状，展开分析思考，进行深入推论，提升思维的深度，提高思维的含金量。

（三）合学·分享·应用：以辩为果，阅读中的独特创见

阅读分享课，通过立论式开辩、驳论式新辩、总论式结辩的过程，训练学生思维的批判性、开放性、辩证性，从而发展纵向性思维，促进思维从低阶到高阶的转变，提升思辨力。在纵向性思辨的过程中，不断引发学生的认知冲突，指向深度的思维。在皮亚杰认知发展理论框架下，认知冲突是个体已有观点与新的问题情境相互矛盾而产生的一种心理不平衡，是学习者已建立的认知结构与当前面临的情境之间暂时的矛盾与冲突，是已有的知识和经验与新知识之间存在某种差距而导致心理失衡的一种认知状态。这种不平衡可能导致学习者感到不适和困惑，但可以引发顺应过程，即引导学习者调整和改变原有的认知结构，从而实现概念重构，使学生在头脑中实现对概念的深度构建，形成涵盖语词、符号、图像等形式且系统深入的概念体系。论式开辩、驳论式新辩、总论式结辩的过程中，引导学生对于原有概念认知产生疑惑，制造认知冲突，再为学生搭建学习支架以解决矛盾、冲突的概念认知，修正、完善原有的概念认知，并增强对新概念的认同。

1. 立论式开辩，训练思维的批判性

明晰论点，搜集论据，有力论证，是辩论的基本流程。为了让学生更好地进行辩论，在辩论之前，要求学生先熟记辩论

格式，从正反双方广泛地去收集资料、整理资料、筛选资料。辩论所需三要素，如下：

◆立论点：论点是要表达的核心思想。它是整个论证过程的起点，指导着辩论的方向。辩论中，一定要发散思维，明确本方观点，创造立论的优势。

◆立论据：论据则是支撑论点的事实、数据或理论依据，用以证明论点的正确性。在阅读中，应当有目标性地寻找代表性的事情或服众的道理作为支撑论点的材料。

◆立论证：论证是通过论据来证明论点的逻辑推理过程，是把论据转化为对论点支持的桥梁。利用论据，有理有据地证明自己的观点，说服对方。

2. 驳论式新辩，训练思维的开放性

在辩论过程中要善于倾听，从对方发言的漏洞入手，以子之矛，攻子之盾，利用一系列驳论技巧，让对方措手不及。过程中，培养倾听能力，能听清楚对方的观点，找到发言的重点，抓住对方漏洞，完善自己观点。培养辩驳观点能力，使用多种方法立论与反驳观点。

◆善用枚举法：枚举法是一种通过逐一列举问题的所有可能情况或对象，并对每种情况进行分析、验证，从而解决问题的办法。在辩论中，将例子列举出来，使例子与观点紧密联结，有力反驳对方。

◆活用设问法：采用几问一答或连续问答，营造步步紧逼、势不可挡之势。使用该法，关键是在设问时要把辩论的目的隐藏起来，绝不能让对方察觉设问的真正意图。

◆巧用反例法：善于从别人的例子中找到漏洞，找准反驳的例子，进行有力的反击，证明己方的观点。

3. 总论式结辩，训练思维的辩证性

辩论难免唇枪舌剑，在辩论总结中立住自己的观点很重要，从主题、主见、主张出发结辩，训练思维的辩证性。

◆辩主题：结辩时，首先要明确己方的立场和核心观点。强调要从问题的主旨出发，明确主题、重申立场，并兼顾整个辩论过程，确保观点清晰。

◆辩主见：强调从自己的看法出发，显露对主题个性化的认识及逻辑分析，确保逻辑严密。价值的升华必不可少，需要再次强化我方观点。

◆辩主张：总结时要快速把握全程的框架、脉络。针对性地指出对方的问题，提出我方观点。强调从可靠的依据出发，利用有利的依据展开说明。

第七章　儿童自主阅读的学科实践策略

　　区别于传统阅读，学科实践注重阅读中"身体—认知—环境"的动态耦合，强调阅读者全身心投入阅读，包括大脑在内的身体的认知，身体的结构、感官、运动方式等与阅读的书籍发生内在或外在的互动，产生新认知、建构新体验的过程。主张以儿童为中心，从儿童视角研究"阅读者"，促进学生在真实情境下身心融合、沉浸式阅读，逐渐获取多元式的阅读方法，使学生在"知情意行统一"的阅读体验中丰富阅读素养。

第一节　厘清书目类型，明晰编排特色

统编教材在整本书阅读编排中以童话、寓言等故事性较强的文学作品为主，不同学段给出不同阅读要求和方法指导（见表格）。

年级	阅读主题	指导要求	阅读书目（必读+选读）	类型
一年级上册	读书真快乐	培养课外阅读兴趣；课外阅读的方式和基本途径；乐于分享课外阅读成果	《在一起》《明天要远足》	汇编童诗类（文学性）
一年级下册	读读童谣和儿歌	培养阅读童谣和儿歌书籍的兴趣；大胆展示自己的阅读成果；乐于和同伴分享自己的书籍	《读读童谣和儿歌》《树和喜鹊》《文具的家》	汇编童谣类（文学性）
二年级上册	读读童话故事	培养阅读童话故事的兴趣；认识书的封面，了解书名和作者等基本信息；养成爱护图书的好习惯	《孤独的小螃蟹》《"歪脑袋"木头桩》《一只想飞的猫》《小狗的小房子》《小鲤鱼跳龙门》《纸船和风筝》《妈妈睡了》	汇编童话类（文学性）
二年级下册	读读儿童故事	培养阅读儿童故事的兴趣；学会根据书的目录，了解梳理大致内容；乐于分享课外阅读成果	《七色花》《神笔马良》《愿望的实现》《一起长大的玩具》《大头儿子和小头爸爸》《大象的耳朵》	汇编童话类（文学性）
三年级上册	在那奇妙的王国里：童话	能边读边想象，感受童话的奇妙；能把自己融入故事中，设身处地、感同身受地阅读童话	《安徒生童话》《稻草人》《格林童话》	汇编童话类（文学性）
三年级下册	小故事大道理：寓言	能读懂故事内容，体会故事中的道理；联系生活中的人和事，深入理解故事中的道理	《中国古代寓言》《伊索寓言》《克雷洛夫寓言》	汇编寓言类（文学性）
四年级上册	很久很久以前：神话	明白神话在先民中的地位，读神话时要注意发挥想象，感受其中的神奇	《中国神话传说》《世界神话传说》	汇编神话类（文学性）
四年级下册	十万个为什么：科普读物	遇到不理解的科技术语，可以试着运用课上学过的方法去理解；查一查书中谈到的科学问题，了解现在有什么新的研究成果	《十万个为什么》《穿过地平线》《细菌世界历险记》《爷爷的爷爷哪里来》《地球的故事》《森林报》	单体科普类（科普类）

续表

年级	阅读主题	指导要求	阅读书目（必读+选读）	类型
五年级上册	从前有座山：民间故事	了解民间故事情节内部的反复、固定的故事类型、相似的主人公和结局的文体特点，体会民间故事中朴素的价值观	《中国民间故事》《欧洲民间故事》《非洲民间故事》《列那狐的故事》	汇编民间故事类（文学性）
五年级下册	读古典名著，品百味人生：中国古典名著	了解古代长篇小说多是章回体的特点；阅读古典名著可以借助"回目"猜测每回的主要内容	《西游记》《三国演义》《水浒传》《红楼梦》	章回小说类（文学性）
六年级上册	笑与泪，经历与成长：小说	厘清人物关系，有助于读懂故事；关注故事情节，可以更好地感受人物形象	《童年》《小英雄雨来》《爱的教育》	章体小说类（文学性）
六年级下册	漫步世界名著花园：外国文学名著	沉下心细细品味；了解作写背景，有助于理解作品内容和价值，边读边做读书笔记，丰富阅读收获	《尼尔斯骑鹅旅行记》《汤姆索亚历险记》《爱丽丝漫游仙境》	章回小说类（文学性）

统编教材《义务教科书小学语文》整本书类目梳理

从表格我们可得知以下信息：

汇编为主：十二册阅读书目中八册编排的是汇编书籍，体现教材对儿童阅读兴趣和阅读能力的考量，整本书阅读以激发阅读兴趣、培养阅读习惯为主。

单体为辅：单体类小说编排有两册，但这两册阅读书目中的图书，其主人公都和学生年龄相仿，因此被划分为"成长类小说"。此类图书对文化引领、学生阅读思辨能力的养成产生的积极影响，值得教师深入研究。

章回为次：教材第一次将四大古典名著纳入快乐读书吧，引导学生通过章回体目录尝试阅读章回体小说，使学生感悟古典名著的文化韵味，传承中华优秀传统文化。

第二节　基于儿童立场的阅读指导载体

音乐戏曲：听觉辅助，指向符合儿童天性的"悦"读。

童谣儿歌本来就具有吟唱的特点。幼儿时期学生更多是以听童谣儿歌为主。因此将音乐引入整本书阅读中，既能唤起儿童阅读前的记忆，同时又能激发学生阅读的兴趣。

思维图表：思维推进，指向促进儿童发展的"深"读。

思辨性阅读在整本书阅读中发挥的作用举足轻重。在整本书阅读中可以用鱼骨图梳理故事情节，用韦恩图来进行异同归纳，用桥形图来勾连阅读与生活……以思维导图来推动学生走向深度阅读。

影视作品：视觉重现，指向提升儿童素养的"意"读。

经典文学作品往往与经典影视作品互为照应。通过视频影像，帮助学生在阅读中补充理解人物形象、故事意蕴，让抽象的文字变得意象化。

自然万物：身心相阅，指向走向社会的无"字"阅读。

自然万物就是最大的书，科普类作品的创作往往基于作者对于自然万物的观察与发现。同样，阅读此类作品，也需要对照自然万物去验证、感悟。观察自然与阅读文本两相呼应，将学生阅读推向真实。

第三节　基于学科实践的类别化指导操作

一、"玩—读"，游戏化阅读引发兴趣

说唱玩读：低段的整本书阅读以童谣儿歌为主，这些汇编书籍具有比较浓郁的地方特色，适合让儿童在轻松愉快的氛围中完整地阅读整本书，加深对所读内容的真切感知。

实验玩读：对于科普类的书籍，如《十万个为什么》可将其中某些科学常识设置成小实验，帮助学生从实操中获得与众不同的阅读兴趣。

扮演玩读：儿童心理学指出，"扮演"是小孩子社交的重要方式，让学生代入角色，演绎书中故事情节，是推动儿童阅读历史类书籍的加速器。

二、"做—读"，图示化导读发展思维

导图启读：阅读成长类小说时，教师要引导学生关注小说的三要素，通过故事情节图、人物关系图、心路成长图等，让学生在内省式阅读中体会成长小说带来的力量和启迪。

表格阅视：针对汇编书籍的特点，通过汇编表格等方式让学生阅读过程、成果可视化，丰富阅读收获，为表现型评价做材料准备，阅读过程即评价过程。

统计审视：借助各式统计表、云图等方式将学生的思辨以图形、图像等方式呈现，帮助学生在数据、图像的可视化冲击下深度思考。

三、"视—读"，视觉化创读经历过程

阅读整本书的过程是一场特殊的"对话"旅行。另外，儿童既可以跟"文字"进行无声的对话，还可以跟优秀的影视作品进行"有声"的对话，从而让学生感受阅读的别样旅程，从中享受阅读带来的与众不同的快乐。

经典"咏"流传：通过观看影视作品，结合阅读书籍，给书目编演故事、编写书目、创编插图等方式，让学生在丰满阅读内容的过程中感受作者写故事的乐趣。

经典画外音：通过诸如与编者对话，以及给经典影视片段配音、朗诵等方式走近书中人物，让儿童在动手动脑的过程中感受书中蕴含的审美和文化价值。

经典分享者：通过制作小报、推荐书卡等方式，在与同伴共读的过程中互相分享阅读感受，传播经典书籍，与经典对话。

四、"走一读"，实践中思读感受真善美

学生不是为了读书而读书，读书是为了让学生更好地走进社会这本"大书籍"，让学生"带着书本去旅行"，是为了让学生更真切地感受社会的真善美、自然万物的独特美。

场馆阅读：各类博物馆既是历史文化与民族精神的结晶，也是儿童走向社会的重要窗口，是学生阅读的重要载体。

山水阅读：书中之物之事原本大多来自自然山水，学生再次走向自然万物，回眸阅读时，可以充分体悟到经典作品经久不衰的魅力。

万物阅读：世间一草一木、一虫一石，都充满了奇妙，让原本富有好奇心的儿童，带着书本去阅读这些特殊的"书籍"，有字之书与无"字"之书发生碰撞，阅读就变成了一场奇妙之旅。

第八章　儿童自主阅读的组织策略

在培养学生自主学习能力的过程中，我们意识到：教师是外因，要通过学生这个内因才能起作用。我们想方设法让学生自己主动地学，才能收获良好的效果。仅仅让教师有"学生是主体"的认识是远远不够的，我们还要加强教育，让学生真正意识到"我才是主体"。

第一节　心灵感化，增强自主阅读意识

从学生入学时起，我们就通过一系列的教育活动让学生明白：学习是自己的事。引导他们掌握听课、复习和做作业的方法，以及怎样思考、发言和讨论，逐步培养学生学习的独立性、自主性。随着年龄的不断增大，我们以各种不同的方式让学生不断明白：自己的事自己做，而且要用科学的方法去做，才能起到事半功倍的效果。这样学生就能不断增强自己的自主学习意识。

一、根据不同文体增强互动

按照不同文体类型开发主题，注重互动、开发活动，让整本书阅读变得有趣味、有方向、有魅力，有效激发学生的阅读兴趣，让学生养成广泛阅读的习惯，提升阅读品位。在实践中优化分阶阅读的课堂结构，引导学生在活动中感受乐趣，在思考中深入阅读，在思辨中提升思维能力。通过打造学思课堂的范式，建立阅读策略的教学模型。从"自迁移"到"近迁移"，再到"远迁移"，为学习迁移的发生提供有效的路径。

二、真实引擎学教评

完善评价体系，落地每周课表，形成过程化追踪，实现课外阅读课堂化、课外阅读日常化。在整本书阅读中，着重发展学生思维，引导学生走向深度阅读、深入思考，逐步实现从基础阅读到检视阅读、分析阅读、主题阅读的能力进阶，实现从低阶思维到高阶思维的转变。在这个过程中，引导学生对所学内容进行组织和整合，形成系统的知识框架。这一环节是迁移过程中的关键步骤，它决定了学习者能否将新知识有效地融入已有的知识体系中。

第二节　创设环境，营造自主阅读氛围

一、建立愉悦平等的师生关系

在新课程背景下，课题研究过程中，我们发现教师必须依据科学的理论和方法，提供一定条件，实行正确的实践模式和策略，指导学生自主地学习。在这一过程中，教师不再是自我权威的维护者和教材的代言人，师生关系的核心是要把教师和学生看成是真正意义上的"人"，师生之间，只有价值的平等，而没有高低、强弱和尊卑之分，要和学生真正建立一种平等、理解、双向的师生关系。要激发学生的自主学习意识，必须使学生在平等的、充满关爱的学习环境中，轻松愉快地学习，无所顾忌地思考探索，畅所欲言地发表看法和见解。教师用亲切的肢体语言和具有感染力的口头语言，才能不断激发学生的求知欲，激励学生去学习、去思考。我们在研究中发现，这种"平等、理解、双向"的师生关系，不仅是教育发生的背景，它本身更是具有教育意义，有利于学生产生强大的学习兴趣和动力。

如本项目老师在执教《"精彩极了"和"糟糕透了"》一

课时，执教者引导学生讨论："当'我'写了第一首诗后，母亲和父亲是怎样评价的，'我'有什么反应？"学生怀着极大的兴趣，积极思考。执教老师再进一步启发学生讨论："父亲和母亲的评价为什么会截然相反？"学生又积极思考，大胆讨论。接着老师又把学生的思维引向深入："为什么这两个极端的评价有一个共同的出发点？"这样逐层深入讨论，让学生经历了一个"发散—集中—再发散—再集中"的思维过程，让学生的思维不断突破定式，从而获得有创新、有价值的答案。这样就给学生创设了良好的自学氛围。

二、倡导互助互学的生生关系

我们在研究过程中发现，学生的学习活动大部分是在集体活动中进行的。彼此之间的合作交流需要互相尊重、互相帮助，需要建立起和谐融洽、平等互助的生生关系。由于遗传因素、家庭环境、知识基础等方面的影响，造成学生的学习能力呈现出较大的差异。但是，学生作为独立的学习个体，他们身上具有无限发展的潜能。因此，在实验过程中，我们要尊重学生之间的差异，引导学生正确认识在学习过程中同伴出现错误是很自然的现象，面对同伴的失误，我们应教育学生不仅不能轻视、嘲讽，还要学会耐心听取，更要真诚地给予力所能及的帮助，使每一个学生在集体中处处感到心理安全与自由，时时体会到来自老师和同伴的关爱，引导学生团结合作，主动帮助他人，虚心向他人学习，主动与他人共同探究学习中的问题，为培养学生的自主学习能力打下良好的基础。

三、唤醒自我，激发自主阅读兴趣

兴趣是最好的老师。子曰："知之者不如好之者，好之者不如乐之者。"在实验过程中我们发现，学生学习兴趣的培养在很大程度上依赖于老师的指导。教师对教材内容的挖掘和引领，及时抓住时机质疑，对学生的关爱等都能激发学生浓厚的学习兴趣。有了兴趣，学生才有学习的动力，能力才能得以提高。在教学中，我们根据学生的年龄特征和心理特点，经常举办朗读比赛、背诵比赛、课前讲小故事等多种活动，通过灵活多样的教学方法，结合语文课程的知识结构特点及丰富多彩的课外活动等引起学生的兴趣，激发学生自学的内因，使学生实现"要我学"到"我要学"的转变。

如本项目老师在执教《我的伯父鲁迅先生》一文时，提前布置课前预习作业，先让学生通过各种途径收集了解一些有关鲁迅先生的知识，然后在教学中，让学生在课堂上与大家分享关于鲁迅先生的生平、作品等相关内容，使课堂气氛异常热烈。

这样，既激发了学生的学习兴趣，也锻炼了学生的自学能力。最后，执教老师再引导学生在课堂上做到手、脑、口相结合，使学生在轻松愉快的氛围中学到知识，锻炼能力。

第九章　儿童自主阅读的评价体系

我们探索整本书阅读的规律，按照入门级、熟练级和精通级的进阶特征来做出划分：入门级依靠事实解决问题；熟练级依靠执行规则解决问题；精通级依靠策略解决问题，即根据实际情况选择重组或创造规则，真正实现学习迁移。

第一节　儿童自主阅读的评价原则

这里的学习迁移可以分为近迁移和远迁移：近迁移是简单应用、低通路，就是一条路就可以走通，只要照章办事、遵守规则，简单套用就可以了。所以，近迁移是对一种概念和规则理解之后进行应用，不需要选择、评估和组合。远迁移是综合应用，甚至是跨学科、跨领域应用，高通路，这就要根据解决问题的优势与局限做出决策。所以，远迁移是对几个概念和规则理解之后进行应用，需要根据情况做出取舍、变通、选择、评价、组合乃至创造。因此，教学中要以核心素养为导向，立足于思维发展，提升学生的学习迁移能力。

读可见，课程体系化：使整本书阅读课程建构从碎片化趋向于体系化，建立立体的"整本书阅读"课程体系，帮助学生将新旧知识进行整合，形成系统的知识框架。引导学生对新知识进行分析、比较和归纳，从而将其融入已有的知识体系中，致力于发展学生的高阶思维，提升学生的核心素养。

思可循，支架可视化：建立主题、注重互动、开发活动，让整本书阅读变得有趣味、有方向、有魅力，有效激发学生的阅读兴趣；让学生养成广泛阅读的习惯，提升阅读品位。思辨能力有助于学习者识别不同情境中的共同点和差异点，从而更准确地应用所学知识。通过思辨，学习者可以更加灵活地运用知识，提高迁移的效果。

辨可溯，思维结构化：在整本书阅读中，着重发展学生思维，引导学生走向深度阅读、深入思考，逐步实现从基础阅读到检视阅读、分析阅读、主题阅读的能力进阶，实现由低阶思维到高阶思维的转变。

第二节　从一本到一类，完善进阶式评价制度

一、同一本书不同阅读阶段的追踪评价

在同一本书的不同阅读阶段，评价侧重点各有不同，自主阅读阶段，评价侧重点为学生的兴趣、阅读习惯和初步理解；分项交流阶段，评价侧重点为语言积累、迁移运用和综合能力；总结反思阶段，评价侧重点为深度理解、批判性思维和学生的个人成长。

二、同一年龄不同阅读水准的分层评价

从必读书目的阅读，到选读书目的阅读，再到拓展书目的阅读，不同阶段的评价侧重点有所不同，主要指向学生"学习迁移"能力的发展水平，从基础阅读走向主题阅读，培养成熟的阅读者。

	评价侧重点		
必读书目	阅读理解与掌握	阅读方法与策略	阅读兴趣与习惯
选读书目	阅读广度与多样性	阅读深度与批判性思维	自主阅读能力
拓展书目	阅读兴趣与个性化发展	阅读深度与创新能力	综合应用能力

三、从一本书到一种类型的挑战评价

作家的写作风格各有特色，一个类型的文本风格也有趋同的样态，鼓励学生在日常生活中从一本读到一类，用专家的思维、作家的视角看待阅读这件事。

第三节　从思读到创读，制定生长型评价标准

一、紧扣核心知识的读写型评价

对阅读核心知识的评价，指向学生对整本书阅读时知识的掌握情况，以直接提取信息、整合信息、推测统整、评价与鉴赏等阅读能力设置习题。紧扣核心知识制定整本书阅读评价标准，是确保阅读评价有效性和针对性的关键。

二、指向思维能力的读编型评价

整本书阅读课程的活动体验最终指向的是学生核心素养的养成，突出的是思维能力的训练与运用。指向思维能力制定整本书阅读评价标准时，可以围绕不同的思维能力指标进行细化设计。在这个过程中，需要遵循循序渐进原则，逐步提升学生的思维能力。

三、指向多元表达的读创型评价

　　小学阶段整本书阅读体系的分层评价标准是一个综合性的体系，既需要考虑学生的年龄和认知能力，也需要考虑阅读材料的难度和类型，同时还需要注重培养学生的阅读兴趣和习惯。在实际应用中，可以根据学生的实际情况和阅读需求进行灵活调整和优化。

第四节　从课内到课外，设计开放式评价

一、从我评到人人评

对学生的评价有自我评价、同伴评价、教师评价、家长评价等多种评价形式。自我评价有助于了解自己的优点和不足，明确个人成长的方向和目标。同伴评价有助于了解自己在同伴中的位置和形象，促进相互学习和进步。教师和家长评价则有助于了解学生的教育需求，促进教育的有效性。

二、从语读到科科读

学生选择与阅读书籍主题相关的跨学科项目，如历史、科学、艺术等，结合阅读内容，完成一次跨学科的研究报告或展示。评价过程中，强调将不同学科的知识、技能和方法整合在一起，以便全面、深入地评估学生的学习成果和思维能力。

三、从纸上读到走读

组织学生在社区、图书馆或学校开展阅读分享会，将阅读体验与更多人分享。社会实践体验评价是对学生参与社会实践活动的过程、表现及成果进行的全面评估。这种评价不仅关注学生实践技能的提升，还重视其情感态度、价值观以及社会适应能力的变化。

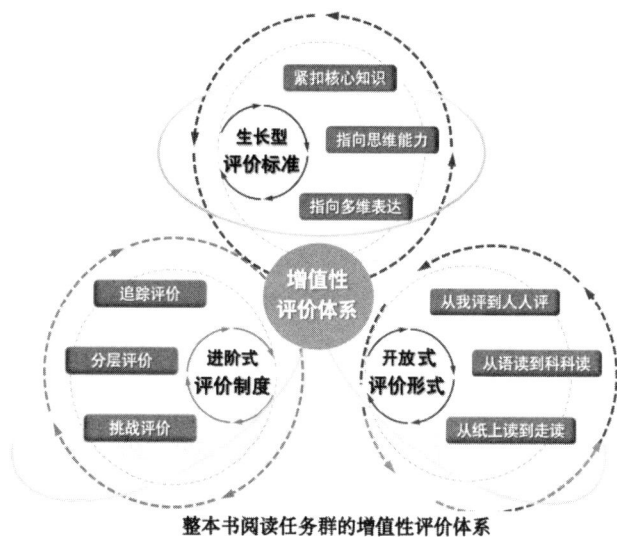

整本书阅读任务群的增值性评价体系

第十章　儿童自主阅读的实践成效

第一节　实现了学生阅读现状的六大转变

一、学生真正拥有了自主实践的机会

我们的学生是一个个生动活泼、个性鲜明的人，作为教师，我们应该注重学生发展的潜在性、主动性和差异性，在课堂上保证学生有自主表现和发展的空间，为每个学生提供积极参与课堂学习的机会。

阅读活动就应该让学生把主要精力放在阅读原文上。阅读时以原有知识结构为基础，展开不同层次的阅读，一个目标、一个目标地台阶状前进，完成全文阅读。我们的老师在指导学生学习《燕子》一文时，就让学生反复地通过不同目的"五读"

完成课文学习。学生在"一读"时,针对"读通"的要求,纷纷找到长句子练习朗读,如"还有几只横掠过波光粼粼的湖面,剪尾或翼尖偶尔沾了一下水面,那小圆晕就一圈一圈地荡漾开去"等,这样很快克服了本文朗读难点。在"二读"时,学生又找准"微风吹拂着千万条才舒展开黄绿眉眼的柔柳"这一理解难点,相互讨论解决并读懂了文章写的是小燕子的活泼可爱与春天的光彩夺目。由于有了以上的理解,学生在"三读"环节中都能津津有味地读,渐渐也就进入了"读熟"这一学习环节。"四读",再让学生读一读郑振铎的《海燕》全文,学生对课文的认识上了一个新的台阶:"作者写家乡的燕子是表达对祖国、对家乡的思念""在作者眼中那海燕就是家乡的小燕子,它们不光可爱,而且勇敢""作者是去国外留学,他也希望自己像海燕那样坚强无畏"。"五读",引领学生带着自己的感悟阅读全文。

二、学生收获了内心独特的阅读感受

在阅读教学中,经常可以看到教师以教参理解统一学生认识的现象。其实这种所谓的"统一认识"是虚假的、脆弱的。这种认为统一的材料必然产生统一认识的观点是忽视学生主观能动性的机械唯物主义的观点。"统一"忽视了学生个体认识的差异性，冲淡了学生的认识过程。因为任何认识都离不开个体的知识和经验，离不开个体的思维方式和习惯，离不开个体的心理能力。

在教学中，虽然教学步骤是一致的，但学生在教学过程中的表现却是千差万别的。思维活动的方式不同，情感活动的样式各异，意志活动的强弱也不一样。由于每个人的知识经验不尽相同，阅读后获取的结论也各有差异。从以下学生自由阅读后的《随笔点滴》中可见一斑：

例1：《鲨鱼家族》随笔点滴。

就像伏尔泰说的："偏见是缺乏判断的意见。"的确，我历来以为鲨鱼就是杀人不眨眼的恶魔，它以那犀利的目光扫视一切，一张血盆大口能把活生生的人一口吞下，那些血淋淋的画面惨不忍睹。可是鲨鱼也有好的，像巨鲨，作者把它称为"善良的大哥"。真让人感到意外。快快收起偏见吧，因为伏尔泰还说过："偏见是愚人的理由。"

——五年级（2）班 宋晨超

不看不知道，一看吓一跳！被称为"四大恶魔"之一的鲨鱼，原来并没有那么可恶。瞧，那庞大的巨鲨，竟然出乎意料地善良，从来不伤害人的生命。有善自然也有恶，素有"白色死神"之称的白鲨在海洋里横行霸道，为非作歹，与其臭名昭著的还有老虎般凶狠的虎鲨，在海洋中到处作恶伤人。一听到这两个名字，人们便咬牙切齿，可又带着一丝畏惧，哎，真拿这些作恶多端的"恐怖分子"没办法呀。细细看了文章后，让我领略了鲨鱼大家族中的美与丑，善与恶，真是五花八门，无奇不有。

——五年级（1）班　宋玮

例2：《露珠儿和蔷薇花》随笔点滴。

人生大病，只是一"傲"字。一个人在成长中，有许许多多的人帮助你、教导你，像长辈、老师、同学……如果没人开导帮助，就不会成功。蔷薇花却显得无知可笑，因骄傲自取灭亡，还是那样忘恩负义。老舍说："骄傲自满是我们的一座可怕的陷阱，而且这个陷阱是我们亲手挖掘的。"

——五年级（3）班　黄颖

团结就是力量，光凭自身的一份力，一件事也许就不会成功。"粉红色"的美丽虽然是自身的美丽，但很大程度上是旁人给予的。"粉红色"却没有意识到这一点，在她眼中，除了自己，其他人都是低微的，她最终因缺少水分而凋谢。所以，当我们获得丰硕的果实时，不仅要想到自己付出的艰辛，更要感谢他人的帮助。

——五年级（3）班　吕心怡

　　"应该重视语文的熏陶感染作用，注意教学内容的价值取向，同时也应尊重学生在学习过程中的独特体验。"（《语文课程标准》）阅读活动就应尊重学生独特的阅读感受，让学生自读自悟，让学生自己对课文内容的领悟取代教材的讲解分析，让学生自己的独立思考取代统一答案，让学生自己的感性体验取代整齐划一的理解指导。

三、学生自己对课文内容的领悟取代了教材的讲解分析

　　课文《种子的力》中有这样一段话："没有一个人把小草叫作'大力士'，但是它的力量之大，的确是世界无比。这种力是看不见的生命力。只要生命存在，这种力就会显现。上面的石块，丝毫不足以阻挡它，因为这是一种'长期抗战'的力，有弹性，能屈能伸的力；有韧性，不达目的不止的力。"在课文学习过程中，学生相互交流对课文的理解，其中对这段话中的"抗战的力"都提出了疑问：种子的力、小草的力为何成为一种长期抗战的力？确实，这是本课学习的难点，如果不了解文章的写作背景，成年读者也是无法理解的。我为他们提供课文的写作背景，要求从中读懂课文。学生阅读后自发地讨论起来，精彩的答案、流畅的话语迅速奔涌出来："抗战的力

其实是中国人民反抗日本帝国主义侵略者的力。""这里的种子、小草是指敢于抗战、勇于抗战的中国人民。""因为抗日战争进行了十四年，我在其他文章中也看到过毛泽东同志关于'持久战'的说法，所以是长期抗战的力。""文中的石块其实是指那些不进行抵抗的国民党反动派和怕这怕那的少数人。""不，怕这怕那的极少数人，想投降日寇的人是下文所说的该被小草嗤笑的花房里的那盆花。"学生对两则阅读材料的理解领悟远远超越了教参的"机械"理解。作者在这篇文章中热情地赞扬种子的伟大生命力，颂扬小草顽强斗争的精神，正是为了激发人们的斗志，并以此来批驳和鞭挞那些反对抗战的奇谈怪论。

布鲁纳曾指出："学生不是被动的知识接受者，而是积极的信息加工者。"文中那"长期抗战的力"，那"小草"，那"石块"，那"盆花"，那原本不懂和懵懂的一切都是他们借助必要的学习资料通过自己努力解决的，每一种理解都是学生具有个性的领悟，而不是答案统一后的接受。

四、学生自己的独立思考取代了统一答案

阅读既然是一种个性化的解读过程，那么，学生自然可以依据自己的"阅读期待"，对课文产生认同、共鸣，或进行质

疑、批判。如教学《落花生》时，教师问："从落花生身上，你得到了什么启示？"这个问题用教参中的话来答是"默默无闻""无私奉献"，但其实这是个富有弹性的、没有标准答案的问题，学生根据自身的认识和体验，可从不同层面、不同角度做出阐述。有的从教材的原意出发，认为应该像落花生那样，做个埋头苦干、默默无闻的人；有的则结合现代社会价值观，提出：现在是市场经济，一个人要善于展示自己，推销自己，如果都像落花生那样默默无闻，恐怕连一份合适的工作都难以找到；还有的采取折中方案：落花生无私奉献的精神很可贵，但一味等待别人来发现自己的想法不可取，如果没有被人发现，不就埋没一生了？因此，该脚踏实地、埋头苦干的时候，就要踏实工作，不炫耀、不张扬，像落花生一样，该需表现自我展示才华的时候，就得有苹果、桃子、石榴那样的勇气。这里，学生展示出的是强烈的自主意识和浓厚的个性色彩，答案迥异的见解。只要有学生驰骋思维、放飞思想、张扬个性的广阔天地，就会有力地催生着个性的种子破土而出，茁壮成长。

五、学生自己的感性体验取代整齐划一的理解指导

"一千个读者有一千个哈姆雷特。"如果阅读教学中非要以唯一的标准答案为准，那势必要斫削学生思想上的批判性和

创造性，限制其思维发散的空间。《五月端阳》一文对端午节里的姑娘们是这样描写的："姑娘们早就在比试谁心灵手巧了。她们用零碎的彩色绸布缝成形状各异的小袋。小袋里面塞进裹着香料的棉花，再把袋口的线一抽，就成了一只只香袋。"这句话应如何朗读呢？有的学生读得较快，他们认为姑娘们飞针走线，手法熟练；有的学生读得较慢，他们认为姑娘们做活时一丝不苟，精心制作；有的学生朗读时速度适中，他们的理解是姑娘们在节日里做活显得轻松快活，悠闲自得。学生各有各的理解，各有各的读法，但都读得入情传形，教师一一加以肯定。阅读活动就是如此，作者有个性化的表达，读者自有其创造的权利和潜能。"同阅一卷书，各自领其奥；同作一文题，各自擅其妙。问此胡其然，各有天在窍。"此话强调读书和作文的用心贵在创造。在阅读训练中，教师就应鼓励学生这种具有创造性的理解，能够超越文本，成为课文的加工者、再造者。

当学生有了个性化体验后，教师不能仅满足于此，要与学生共同讨论哪些理解合理，哪些又为什么是不合理的。但重要的不是结论，而是过程。更要引导学生分析解读文本的过程，无论是正确的或错误的，是怎样得出来的，对症下药，推究、评论，以完善认知结构。

六、学生学会了个性化自主阅读方法

叶圣陶诗云:"天地阅览室,万物皆书卷。"在这样一个广阔的天地里,教师应该积极引导学生走出校门和家门,抓住每周的双休日和每年的节假日,参观旅游,去阅读大自然这一本"无字书",去领略万事万物之理。然后放手让他们择趣而读,使课外和校外阅读成为学生课外生活的快乐选择。

(一)"趣"字引路,博览群"书"

从阅读对象来说,提倡读纸本书(包括纸介质的书报杂志)、电子书(电脑、网络、影视、音像)、无字书(自然万物和社会人情之事理)三大类;从阅读内容来说,不但要选择真、善、美的读物,而且要博览新、活、宽的读物;从阅读课堂来说,要开发课外和校外阅读的第二、第三课堂,自读课的阅读数量应超过教读课的四五倍。通过三年的实践,学生阅读的课内外联系、学科间融合,达到了校内外沟通必须靠家庭阅读教育、社区(社会)阅读教育才能实现。

(二)多元方法,图文并茂

通过"五读—三思—双写"的阅读策略,学生从四年级开始就接受略读、速读的单项基本功训练，到五年级下学期再进行综合训练，使学生小学毕业时能较熟练地运用"整体式阅读法""浏览式阅读法""寻找式阅读法""鉴别式阅读法"进行阅读。学生课外阅读的积极性，使略读、速读能力在不断的阅读实践中得到锻炼和提高。高段学生每周写两篇读书笔记，记清所读的书（文章）名、日期、主要内容，还可以摘录重要句、段，写出自己的感悟、联想，这样把读书和生活结合起来，促进学生多读、多思。传阅那些内容丰富、图文并茂的笔记，借此指导阅读方法，向学生提出阅读建议，切实培养学生的阅读能力。

第二节　建立了全新的阅读评价操作策略

阅读评价是鲜活的、开放的，如果评价过细，会导致学生淡化阅读兴趣，因此，学校把过程评价的主动权还给班级，每班评价富有特色，于是"诗仙""诗圣""诗长"便应运而生，"阅读之星"由此诞生，"小小评论家"也直面观众，"小硕士""小博士"更是层出不穷。这些评价对学生切实起到了督促鼓励作用。

一、制定评价方案，实施分层性评价

长期以来，不少教师课外阅读评价单调乏味、浮泛空洞，在很大程度上抑制了学生的阅读热情，有创意的阅读意识自然激发不起来。由此看来，要使学生兴趣盎然地投入阅读，读出独特感受，教师就应当善用评语，注重对学生进行多角度、有创意的评价。一要根据学生不同的性格特点、情感态度，采用不同的鼓励方式；二要在挖掘学生闪光点的同时，巧妙地予以情感体验和阅读方法技巧上的点拨；三要注意把握好评价的要求，注重过程而不是注重结果。只有这样，才能使学生始终保

持活跃的思维状态，享受到创意阅读带来的乐趣与成功感，也才能让学生学会从不同角度去思辨、去发现、去领悟，从而激发创造的热情。

（一）重视学生课外阅读的形成过程，实施形成性评价

阅读能力的形成，不是一天两天的事，它是学生在学习语文的过程中，不断吸取，不断积累，不断感受和体验的过程。它是"学生、教师、文本之间的对话过程"（课标语）。在这个过程中，学生要依据自己的"阅读期待"，不时地进行阅读的反思和批判，不断地把握自我理解程度，判断与阅读目标的差距，并采取各种帮助思考和增进理解的策略。所以，对阅读能力的评价，我们不仅要关注其结果，更要关注学生阅读能力的形成过程，把评价贯穿于教学活动的每一个环节。比如，对学生朗读的形成性评价，可以采用的是"四个一"评价方法：a. 每天请一位学生朗读一段课外文章，师生进行朗读评价。b. 教师对所有学生的阅读理解能力每月进行一次评价。c. 学生对自己的阅读情况每月进行一次评价。d. 班上每月要进行一次阅读比赛，全班学生对每个同学的阅读进行评价。

这样，不仅能激发学生阅读能力培养的积极性，同时对学生阅读能力的形成过程有了充分的把握，便于纠正不当之处。

（二）呵护学生阅读的独立感受，实施宽容性评价

新课标指出，"阅读评价要综合考查学生阅读过程中的感受、体验理解和价值取向""阅读是学生的个性化行为"。所以，学生在阅读活动中，由于自身的生活经验、社会阅历、文化积淀的不同，往往对同一个阅读材料的理解上带有自己强烈的个人主观色彩，产生"仁者见仁""智者见智"的结果，在这多元化的理解中，既会有正确的认识，也会有偏离主题的答案、超越"常规"的想象、违背"逻辑"的"阔论"。对于学生众多的独特感受，我们就应该珍视学生独特的感受，学会体会和理解，给予呵护和包容性评价。

（三）开放学生阅读的时空，实施延迟性评价

新课标强调："逐步培养学生探究性阅读和创造性阅读的能力，提倡多角度、有创意的阅读。"所以，我们评价学生阅读能力的好与差、优与劣，是不应该在较短的时间内做出判断的。因为，在正常的情况下，由于受思维定式的影响，新颖、独特、有创意的见解常常出现在思维过程的后半段。倘若过早地对一个开放性问题的答案给予终结性的评价，势必熄灭了其他学生创新与发散思维的火花，如果我们不过早地对学生的阅读理解给予评价，而是给学生更多的时间和空间，让学生去阅

读、去思考、去讨论、去体验、去感悟，那么他们将从这开放阅读的时空中获得更多的灵感和顿悟。

（四）尊重学生阅读的个体差异，实施层次性评价

在学生阅读评价中，我们既关注了学生的共性，又关注了学生的差异性，对学生阅读评价实行了分层评价的方法：首先，根据学生阅读能力的不同，把学生分成了A、B、C三个层次；其次确定A、B、C三个层次不同的评价标准，如对学生朗读的评价，给出一段阅读短文，让学生朗读，但对A、B、C三个层次的学生评价标准就不相同。C层次的评价标准是：a.能用普通话读课文；b.语言基本流利，句子基本通顺；c.力争做到有感情地朗读。B层次的评价标准是：a.能用普通话正确、流利、有感情地读短文；b.能基本理解短文的内容。对A层次的要求是：a.能用普通话正确、流利、有感情地朗读短文；b.能说出短文的主要内容；c.能说出读完短文后的体会和感受。这样的分层评价，让所有学生都参与到阅读活动中去，感受阅读学习的乐趣，真正实现了"尊重学生个体差异，促进每个学生的健康发展"（课标语）。

（五）加强校内外相结合，实施多元性评价

新课标指出："实施评价，应注意教师的评价、学生的自我评价与学生间互相评价相结合，加强学生的自我评价和相互评价，还应该让学生家长积极参与评价活动。"所以，在阅读评价中，我改掉了以教师为主的评价方法，让学生以及与学生有关的其他人员参与评价，即采用学生自评、分组互评、教师点评、家长查评的多元化评价。学生通过自评，能培养自己的认识能力；小组互评使学生学会辨别，学会欣赏，学会评价；教师点评，主要起到教师的主导作用；家长查评，主要引导家长主动、全面了解孩子，用发展的眼光看待孩子。

二、积累评价记录，力求促进阅读成长

成长记录袋是本次课程改革所倡导的一种重要的质性评价方法。它主要收集、记录学生自己、教师、同伴或报纸杂志做出的评价的有关材料以及学生的作品、信息。它是评价学生进步过程、努力程度、反省能力及最终发展水平的理想方式。它将学生在课外阅读活动的点点滴滴收集起来，成为学生课外阅读成长的见证。

此外，学校将每个班级中的优秀学生召集在一起，这些学生往往也是课外阅读的高手。他们思维灵活，感悟独特，喜欢阅读和写作，在学生心中也具有一定号召力。在组建校级文学社的同时以他们为骨干成立班级文学组，同时班级相应的课

外阅读活动也以他们为主体。组长将活动记录在册，并将优秀的阅读成果进行收集、整理、编册、存档。由此，我们在实践中形成了独具我校特色的《孝顺镇中心小学语文课堂教学评价表》：

执教者			班级		时间	
课题			评议人		总分	
一级指标	二级指标	三级指标			分值	得分
学生	学习方式（20分）	学生能有效开展自主探究学习，具有合作意识。			优秀20分	
					良好18分	
					一般15分	
学生	学习水平（20分）	学生得到充分的语文实践的机会，语文素养得到相应的发展，使不同程度的学生均得到应有的发展。			优秀20分	
					良好18分	
					一般15分	
	学习效果（20分）	学生学习积极性高，有问题意识，敢于、善于发表自己独到的见解和独特的感受，乐于参与学习活动，敢于创新。			优秀20分	
					良好18分	
					一般15分	
教师	角色把握（10分）	主导与主体和谐统一，既能鼓励引导学生自主探究、合作学习，又能有效发挥教师的组织、点拨、指导作用。			5分	
		能有效地采用启发式、讨论式等教学方法，面向全体学生，顾及不同层次学生的学习特点设计、组织和调控教学。			5分	

续表

教师	环境营造（15分）	教态亲切、自然；教学语言准确、简洁、生动，板书工整、美观。	4分	
		师生关系融洽，有多向信息反馈和情感交流。	3分	
		善于调动学生的学习积极性，善于点拨、诱导，应变能力强，驾驭课堂教学的能力强。	3分	
		重视语文基础知识的学习与基本能力的培养，也重视语文学习方法的指导和情感的熏陶。	5分	
	教具应用（15分）	合理运用各种媒体（含板书），目的明确，运用适时，操作得当，效果明显。	优秀15分	
			良好13分	
			一般10分	
简评				

第三节　探索了自主阅读的三大标准

苏霍姆林斯基指出："给孩子选择合适的课外读物是教育者极重要的任务。"要完成这个任务，我认为应该从孩子出发，以孩子的兴趣为中心通盘考虑，综合开发课外阅读的源头活水。

一、课外读物要能满足孩子的心理需求

在研究过程中，我们发现，一开始我们老师向学生推荐的课外阅读书目，都是老师们小时候的畅销书，时隔十几年，已经脱离了如今孩子的兴趣。其实，在小学阶段，学生一般都具有好奇心强、好表现的心理特点，比较渴望神秘、冒险、刺激、机智、勇敢等，所以像《海底两万里》《木偶奇遇记》《吹牛大王历险记》会成为儿童文学的经典，成为几代人的钟爱；《哈利·波特》能誉满全球，《拇指牛》《魔法学校》能畅销全国。

二、课外读物要能适应孩子的时尚需求

20 世纪 90 年代，郑渊洁的"皮皮鲁"和"鲁西西"横扫童

话世界，成为中国几千万孩子童话梦中的主人公，郑渊洁也就自然而然地成了"童话大王"。21世纪初，英国女士 J•K•罗琳的四本厚厚的《哈利•波特》风靡校园，那个戴着黑框眼镜的长发小男孩成了众多男孩女孩的偶像，因为书中对于"光轮2000"的精彩描写，使学校打扫卫生的工作一下子成为一个热门"行业"。孩子们"我为书狂"，每人都为自己能拥有一套《哈利•波特》的书而想方设法地努力；每人都为自己能有与哈利•波特同样的魔力而陷入遐想之中。这种校园时尚、儿童时尚成为课外阅读及课外阅读指导的宝贵契机和资源。

三、课外读物要能净化孩子的精神世界

阅读经典名著是课外阅读的重要方式之一，也是一个成熟的阅读者必须经历的一段阅读历程。余秋雨先生认为，幼小的心灵纯净空朗，由经典名著奠基可以激发他们一生的文化向往。当孩子沉浸在阅读经典名著的喜悦中，目光炯炯，神采飞扬时，我们会感受到经典名著对于孩子心灵的呵护，精神的滋养已如春雨丝丝入土。其实，我们并不期待经典名著能教孩子学会语文，但它能温暖他们的心灵，让孩子们感受到世间的爱与美好，激发他们心中善良的、温柔的一面。

对儿童而言，经典名著并不仅仅是中国的《三国演义》《西

游记》等四大古典名著，也不仅仅是国外的《堂吉诃德》《约翰·克利斯朵夫》等，成人世界的经典当然可以成为儿童的经典，但是他们更有自己的经典：《绿野仙踪》《列那狐的故事》《木偶奇遇记》《爱的教育》《神笔马良》以及安徒生、格林兄弟，甚至迪斯尼故事等。一般来说只有符合儿童的心理和认知发展水平的课外读物，才能促使他们进一步阅读，才能净化孩子的精神世界，才能敞亮孩子的心扉，才能成为孩子的经典。

第四节　促进了儿童自主阅读能力的增值

通过五年多的课题研究，在各实验班的老师和学生的积极参与下，明显地看到，我们的学生更加爱读书了，他们初步学会了选择阅读的材料，更加投入地看书，并能合理安排时间，部分同学已经形成习惯，每天抽出一定的时间进行阅读。如五年级的马林杰同学说，他现在每天晚上都要读一点课外书，不看书就睡不着觉。在学生的闲暇时间，教室里总能看到一批学生沉浸在书的海洋中。调查数据显示，电视和课外书对学生的吸引力比例有所调整，学生对课外书的兴趣比例提高了4.3%，上升到了24.1%，学生每天阅读课外书的时间也有所增加，具体数据见下表：

	选项	从来不看	10～20分钟	20～40分钟	40～60分钟	1小时以上
实验前	人数（人）	15	131	69	16	19
	比例（%）	6	52.4	27.6	6.4	7.6
实验后	人数（人）	5	76	94	63	26
	比例（%）	1.8	28.8	35.6	23.9	9.9

为了避免功利的影响，我们不做其他阅读习惯和知识方面的调查，但一年来平时所积累的数据都能说明问题。在订阅报纸杂志方面，数量也大幅度上升，2022学年第二学期全校学生订阅812份，2023学年第一学期订阅1007份，第二学期订阅1172份（还不包括《我们爱科学》《卡通世界》）。这一年来，我校学生在写作上成绩也是非常突出，2024年有50位学生的优秀习作在各类报刊上发表。在两个学期的期末语文检测中，学生在课外阅读题的答题表现，让许多老师都反映能读懂短文的学生增加了，对文章悟得更深了，语言表达也更准确了。

附：

儿童自主阅读活动前、后调查结果对比表（一）

（2023年9月）

类别	内容及选项	比率（%）		内容及选项	比率（%）	
		前	后		前	后
阅读兴趣	休闲类	80.6	23.2	以购买书籍为主	32.7	81.7
	经典类	19.4	74.8	以购买玩具、零食为主	67.3	19.3
阅读习惯	坚持每天阅读课外书	9.1	80.6	每天30分钟以上	6.43	76.09
	偶尔阅读课外书	23.2	12.3	经常达到30分钟	19.08	13.3
	一般不阅读课外书	67.7	7.1	偶尔达到30分钟	74.49	10.61

续表

类别	内容及选项	比率（%）		内容及选项	比率（%）	
		前	后		前	后
阅读目标	有个人阅读计划	3.6	47.1	喜欢阅读、乐于创作	31.7	85.1
	任由他人安排	24.2	38.7	有个人阅读笔记本	9.8	23.0
	没有个人阅读计划	72.2	14.2	习作受人关注	6.1	46.3

小学生阅读活动低、中、高段调查结果对比（二）

类别	内容及选项	比率（%）			内容及选项	比率（%）		
		低	中	高		低	中	高
阅读兴趣	休闲类	70.2	23.2	1.83	以购买书籍为主	32.7	51.2	81.7
	经典类	29.8	76.8	98.17	以购买玩具、零食为主	67.3	48.8	19.3
阅读习惯	坚持每天阅读课外书	9.1	49.3	80.6	每天30分钟以上	6.43	54.6	76.09
	偶尔能阅读课外书	23.2	30.6	12.3	经常达到30分钟	19.08	35.7	13.3
	一般不阅读课外书	67.7	20.1	7.1	偶尔达到30分钟	74.99	19.7	10.61

类别	内容及选项	比率（%）			内容及选项	比率（%）		
		低	中	高		低	中	高
阅读目标	有个人阅读计划	3.6	42.7	67.1	喜欢阅读、乐于创作	31.7	62.9	85.1
	任由他人安排	24.2	37.6	26.7	有个人阅读笔记本	9.8	45.7	63.2
	没有个人阅读计划	72.2	19.7	6.2	习作受人关注	6.1	32.3	46.3

分析阅读活动前后调查表（一）、表（二），不难看出学生的阅读兴趣、阅读时间、阅读消费、阅读收获等方面都有了较大程度的提高。

①阅读兴趣。学生从活动前读休闲类书转向中外经典作品。而且低、中、高段有着明显的差异，低段对休闲类书的偏爱要超出中、高段；中、高段对经典类名著的阅读显然要高过低段。

②阅读习惯。阅读习惯的培养是让学生受益终身的。我们不规定学生每天的阅读量，而是要求每天能看几页课外书，不求多而求习惯的养成。从数据来看，80%左右的学生每天能阅读课外书，阅读习惯已逐步形成。而且越趋向高段，阅读习惯形成趋向越多，成正比例状态分布。

③阅读时间。从调查结果可以看出，学生每天阅读的时间

在增多，而看电视、上网、玩游戏的时间不断缩减。到中、高段以后，学生每天阅读就越来越自觉。

④阅读消费。很明显，在阅读活动策略的引领下，随着年级的升高，学生投入了更多的时间来阅读，不再沉迷于玩具，让学生把无谓的消费，逐渐转化为阅读消费。

⑤阅读目标。阅读的目的性，是我们一再强调的。无目的的阅读是无效的，只有目的、方向明确的阅读，才能保证学生受益。从数据显示，有什么看什么的比例大幅下降正是有目的阅读的最好表现。

⑥阅读收获。有了上述5项内容的进步，那阅读的效果就不言而喻了，更多的收获不是数字能体现的，不是一时能体现的，而那正是我们倡导阅读的终极目标，也正是学生阅读能力提升的最好体现。

后　记

本书直面我国小学语文教育中普遍存在的三大痛点：阅读速度迟缓导致学习效率低下，阅读方法匮乏制约能力发展，阅读缺乏思考、态度慵懒，创新性构建了"行走的阅读"儿童自主阅读培养体系。全书以"教学实施—文化浸润—课型创新—策略迁移—实践融合—组织优化—评价赋能"为逻辑主线，形成覆盖课堂内外、贯穿教学全程的完整解决方案，成功实现从被动接受到主动建构、从单一输入到多元互动、从机械训练到策略迁移等六大教育形态的突破性转变。

提出创新的理论主张：突破传统阅读教学的单向传授模式，提出"策略元认知＋文化情境构建＋学科融合实践"三位一体的理论框架，填补了自主阅读能力培养领域的体系化研究空白。独创四类阶梯式课型（基础奠基课、策略习得课、迁移运用课、跨界融合课）和12种可复制的教学范式，提供48个经过实证检验的教学案例，形成可操作、可推广的实践工具箱。创造性提出"阅读+STEAM"跨学科实践模型，开发古诗文创编、科普戏剧等9大主题项目，实现阅读能力与核心素养的协同发展。

破解"双减"背景下提质增效难题：通过速读训练系统（包含凝视扩域法、信息抓取术等6大技术）使平均阅读速度提升3倍，单元教学时间压缩40%，为"轻负高质"的教学改革提供了新路径。

重塑儿童阅读素养发展路径：构建"自主阅读的多重指导策略"，使实验班级90%的学生形成每日自主阅读习惯，阅读理解达标率提升65%。

创新家校社协同育人模式：设计"家庭阅读生态圈"建设方案，开发亲子阅读指导手册及数字化共读平台，有效解决家校阅读教育脱节问题。

助推教师专业能力升级：提炼"自主阅读指导师"专业发展模型，配套教师能力诊断量表及成长档案，助力实现从"知识传授者"到"阅读教练"的角色转型。

本书作为基础教育阅读教学改革的标志性成果，既为一线教师提供了系统解决方案，又为教育研究者贡献了本土化理论范式，更通过可量化的实践成效验证了教育创新的可行性，对落实语文课程标准、推进儿童自主阅读战略具有重要实践价值。

其独创的"能力培养—策略迁移—素养生成"螺旋上升模型，正在重构数字时代儿童阅读能力培养的新图景。

一年来，共收集到教师教学设计 20 余篇，教学案例 4 个，搜集相关资料 40 多份，专题发言稿 20 多篇，反思 100 余篇，教育故事 6 个，教育教学论文 30 多篇。本课题方案在实施过程中，得到了教研室领导的关心和支持，学校领导也给研究活动提供了许多精神上和物质上的帮助，为研究提供了有力的支持，在此一并表示衷心的感谢。由于本书为语文阅读教学研究，加之编者水平有限，本书难免存在纰漏，敬请各位读者批评指正。